十里长街文化丛书

长街美食

台州市路桥区十里长街振兴工作领导小组办公室
台州市路桥区作家协会
编撰

上海三联书店

路桥十里长街文化丛书

本册主编：六月雪

摄　　影：陈冬诚等

总　序

　　路桥十里长街，发轫于东汉，肇兴于两宋，繁盛于明清。全街包含河西街、邮亭街、路北街、路南街、下里街、新路街、石曲街等七个街区，总长近五公里。斗式木楼依河而建，百姓傍水而居，河上石桥相望，街中杰阁峥嵘，商铺林立，里巷通幽，颇具江南水乡韵味，是浙江省级历史文化保护街区。

　　岁月流淌，十里长街积淀了丰厚的文化根基。早在东汉时期，这里就设有邮亭，成为交通要冲；东晋大书法家王羲之游历浙东，在此留下墨池遗迹；五代吴越王钱镠下令开凿南官河，大镇始肇；宋代在新安桥附近设场务，路桥地名始载典籍，北宋至南宋，"人物渐繁，商贾渐盛"，逐渐形成今天的规模；晚清民国时期，长街进入鼎盛阶段，南官河上，货船拥塞，市井巷弄，万商云集，成为浙东南著名商埠。

　　十里长街历史名人辈出，北宋高道范铸、南宋名绅赵处温、元末方国珍家族、明代《永乐大典》参修包豪古、"一门天宠"李宷、抗倭义士蔡德懋、清代地理学者李诚、御史杨晨、民国"垦荒模范"王志千、著名药学家於达望、当代书法家任政等，都出生或者曾经生活在十里长街。

　　市井商贸的繁荣催动了浓郁的人间烟火味，民间曲艺、手工艺等非物质文化遗产与特色美食小吃为长街带来了丰富多样的民俗底蕴，生动的故事和高雅的诗歌则赋予长街鲜活的美学魅力。

为全面挖掘和展现十里长街历史文化，服务长街振兴工作，路桥十里长街振兴工作办公室联合路桥区作家协会，推出《路桥十里长街文化丛书》。

本丛书共分为四本，取十里长街历史文化之精华，系统性地介绍了十里长街的人文历史、风景名胜、民俗非遗、诗词歌赋、民间故事、美食小吃等，集趣味性、艺术性、思想性于一体，图文并茂，雅俗共赏。

十里长街，是路桥千年商都的文明缩影，镌刻着路桥人民的乡愁记忆，也是路桥最具文化标识的"金名片"。编纂《路桥十里长街文化丛书》，对于挖掘、保护和传承十里长街历史文化意义重大。希望这套丛书能让人们了解十里长街的过去，留住乡愁，并对长街的未来产生积极影响。

是为序。

本书编委会

二〇二四年十二月

目 录
CONTENTS

面　点

热　菜

小 吃

面

点

老街姜汤面

　　老街姜汤面是路桥人对面食的理解与结晶，也是十里长街的招牌美食。老街人家家户户会烧姜汤面，但若某日不想进厨房，到老街便可食之。老街姜汤面店位于卖芝桥西侧，已经开了三十多年，客人络绎不绝。每每经过此路段，其味扑鼻，忍不住慢下脚步走进店去，大呼：老板，来一碗姜汤面。

　　路桥靠海，气候偏潮湿，以前路桥人就在普通的汤米面里加姜片、虾米、蛋丝，用于祛寒暖胃，慢慢形成了现在的姜汤面吃法。《本草纲目》对姜推崇备至，认为它能通神明，除风邪寒热等。姜汤面具有解寒、发汗功能，还可以刺激胃肠蠕动，帮助食物消化。

最好最正宗的姜汤，采用本地小黄姜加入黄酒烹饪后晒干的姜片，经过文火熬制几小时后的汤汁，有着特别浓郁的醇香。再加上白亮的米面，浇头是海鲜、香肠等佐料形成的"绿肥红瘦"，一碗真材实料的姜汤面呈于面前，顿时让人胃口大开。

在路桥，妇女坐月子首选姜汤面。在婴儿出生后，一般女方父母会在几天内送来姜汤面的主辅料，可以吃上整整一个月，甚至更久。满屋的姜汤面香与婴儿的嘤嘤啼哭声，形成路桥人迎接新生命的独特方式。喜欢曲艺的路桥人还把老街姜汤面改编成舞台剧，以演出的形式带到全国各地，获得广泛赞誉。

正沉浸在对姜汤面的诸多记忆与浮想之间，店主客气地将一碗老街姜汤面端上桌。先闭目闻其香，再舀一勺汤汁入口，美味夹杂着回忆，令人浸润其间。来十里长街探究美食，必吃一碗老街姜汤面。

长街美食

【制作食材】

主辅料：老姜片 鸡蛋 米面 豆腐皮 猪肉丝 虾干 虾皮 笋丝（或茭白丝）干香菇 干黄花菜 青菜 蛤蜊或蛏子

调料：油 盐 味精 黄酒

【制作方法】

1. 小黄姜切片，加黄酒煮熟，晒干后备用。

2. 熬制姜汤。姜片放入锅中，加水煮沸，直至姜汤味道变浓即可。将姜汤沥出，取适量熬过的姜片备用。

3. 取适量干香菇、干黄花菜和虾干放在碗中，加料酒浸泡。蛏子洗净备用。

4. 取部分姜片剁成姜末，打两个鸡蛋至姜末中搅拌均匀，锅入油，煎成姜渣蛋备用。

5. 在锅中加入一小勺猪油，再将虾干、猪肉丝、笋丝、香菇、金针菇入锅，旺火煸炒，有鲜虾和螃蟹的也可在此时加入，炒至变色，其间加入适量盐和料酒。待佐料半熟、香味出来时，倒入姜汤，若觉得太辣可加适量水，加盖煮沸。

6. 烧开时放入米面、姜渣蛋、豆腐皮、青菜，快起锅时放几只蛏子或蛤蜊，煮熟后即可装盘。

炊　圆

中国北方有包子，那么南方呢？南方有炊圆。炊圆是对味蕾的挑战，是对食物细致纯粹的追求。

相传在很久以前，有个温岭女孩嫁到路桥十里长街邮亭古驿。这个媳妇每天起早洗衣做饭，白天忙里忙外，夜间很晚才休息，夫家人对她并不好。婆婆常以嫁妆不好、相貌一般嫌弃她。她不好意思告诉娘家人，只是一个人常常默默垂泪。有一次媳妇回娘家，婆婆趁她不在做炊圆吃，刚吃到一半时媳妇就进门来，婆婆赶紧把炊圆藏起来，小姑还比较小，不小心把一个炊圆掉地上，被媳妇看到了。媳妇一看这炊圆没有自家做得好，转次回娘家把这件事告诉了娘家人。娘家人想出一个办法，做了上好的鲜肉炊圆让女儿带回去给夫家人品尝。虽然炊圆经过了路途跋涉，但夫家人一尝，味道确实比自己家的好吃。婆婆也是明白人，就冰释了前嫌，并且向媳妇请教炊圆的做法，媳妇就手把手教婆婆做炊圆。

现在，制作炊圆成了一家人围在一起增进感情的一种方式。一载喜悦一载忧，最是炊圆暖人心，经过

长街美食

代代相传，炊圆的形状也发生了变化，温岭的炊圆做成糖圆状闭口的模样，而路桥人做的炊圆是上口开着，露出鲜肉，寓意着尖尖顶，谷仓满满，生活幸福美满。

【制作食材】

主料：糯米粉

辅料：肉末 茭白丁 香菇末 豆腐干 白萝卜丁

调料：盐 酱油 味精 葱花

【制作方法】

1. 将猪肉（前腿肉为佳）剁成肉末，加茭白丁、豆腐干、白萝卜丁、葱花等辅料调味拌匀，制成馅料备用。

2. 糯米粉和好，分成大小均匀的面团。

3. 将拌好的馅料用糯米粉包好，制成炊圆，放蒸笼蒸熟即可。

地莓圆

　　春天的路桥，万物复苏，桃红柳绿，燕子归巢，料峭的微风带着甜味，好一个水乡江南。在如此美景的乡村小径上，你常会看到成群结队的妇人或女孩，嬉笑着蹲在小径上，你不禁疑问：她们在干什么呢？她们在采摘鼠曲草（台州方言：地莓）的嫩茎，用来制作当地时令美食"地莓圆"。

　　鼠曲草是一种可食用的野草，嫩茎碧绿，开黄色小花。生命力旺盛，只要去年采摘过的地方，明年肯定会继续生长，它不需要人打理，不需要刻意栽种，但需要很耐心地蹲着采摘，一般采摘者不会连根拔掉，保留着来年可采。将采摘后新鲜的嫩茎洗净捣碎，直至捣出液汁，和着糯米粉使劲揉，再嵌入炒好的肉末或者红糖（按个人喜好酌量），再蒸熟，就成了"地莓圆"。

　　地莓圆是大自然馈赠给人们的礼物。每年春天，在菜场，早早便看到老人售卖着自己采摘的鼠曲草，不方便去田间采摘的买一把便可制作一番；也有卖地莓圆的摊点，买上就可以直接食用，消费时代就是这

长街美食

地莓圆

　　样便捷。鼠曲草还有药用功效，茎叶入药，为镇咳、祛痰、治气喘和支气管炎以及非传染性溃疡、创伤之寻常用药，内服还有降血压疗效。

　　经过代代相传，地莓圆工艺更新，口味众多，成为路桥地道的民间美食之一，也成为一个地标性美食，走出了台州，走向舌尖上的中国。

【制作食材】

主料：鼠曲草（地莓）糯米粉

辅料：肉末 豆腐干 茭白（或者笋）葱或蒜 虾皮

调料：料酒 精盐 酱油 生姜（少许）

【制作方法】

1. 地莓洗净，倒入沸水中煮两三分钟，出锅剁末，直至捣出叶汁。

2. 将剁好的地莓末和糯米粉搅拌，并且用力揉到完全融为一体，直至很有韧性。

3. 用准备好的辅料和调料炒好。（喜欢甜食的也可准备红糖）

4. 摘一块粉圆揉搓成窝状，将馅料（或红糖）嵌进窝内，再轻轻将圆闭口，捏成圆状，蒸至熟透出锅。

长街美食

骨头梅干菜汤饭

　　骨头梅干菜汤饭是路桥平常百姓人家的一道常见美食，也是过去每逢青黄不接时，路桥人储存食物的智慧所在。

　　春天过后，青菜、芥菜、乌菜、白菜、雪里蕻等季节性蔬菜相继开出小黄花，这意味着它们一下子成熟，如果再不收割，就会结籽，菜也就不能食用，可

骨头梅干菜汤饭

是一下子收割了田间的所有菜，又吃不完。路桥人就把这些菜加盐煮熟，再在阳光下暴晒三至四天，晒干后的菜干乌黑油亮，松脆得如干草，一折就断，最后用袋子密封或装坛。这样制作的梅干菜可以吃三年，并且时间长些味道更加醇厚，菜在蒸煮暴晒后结构发生了变化，其味与鲜菜有着千差万别的味道。

猪肉骨头在过去可不像现在这般紧俏，一般买肉时屠夫会送你几块。隔餐或过夜的冷饭可不能倒掉，这是做骨头梅干菜汤饭的主食，将送的骨头加入生姜、黄酒等佐料在锅中慢火炖烂，就着倒掉可惜的冷饭，再加入一把泡发的梅干菜，一道喷香的骨头梅干菜汤饭就做好了，本来不好好吃饭的小孩子，一闻到骨头梅干菜的香味，吃了一碗又讨要一碗。现在吃骨头梅干菜汤饭可以先做一个煎蛋，再加入一些小白虾，营养丰富味更美。

据书中记载，菜干油光黄黑，香味扑鼻，解暑热，洁脏腑，消积食，治咳嗽，生津开胃。故而路桥地区居民每至炎夏必以梅干菜烧汤，其受用无穷也。骨头梅干菜汤饭也成为吃过油腻大餐后醒胃的一道美食。

【制作食材】

主料：猪筒骨 梅干菜

辅料：香菇 虾 冷饭 姜

调料：黄酒 精盐 鸡精

【制作方法】

1. 先把梅干菜和香菇放在不同碗中泡发。

2. 把泡发的香菇切成丝，姜切成片。

3. 将猪筒骨焯水，再加入姜片、黄酒放高压锅中高火煮开，再用慢火熬 30 分钟。

4. 锅里下油，加入姜片翻炒，再加入香菇丝和梅干菜翻炒。

5. 加入冷饭翻炒，倒入煮好的猪筒骨（连汤）。

6. 即将烧开时，加入虾调鲜，烧开后调味即可。

食饼筒

食饼筒

　　元末明初，浙东农民起义军领袖方国珍带兵外出打仗，由于路途遥远，且时间紧迫，吃饭就成了急行军路上的一大难题。于是乎，如何解决吃饭就成了当时的重要问题。这时，有人就提议：如果把菜全部包在一起，拿在手上吃，是不是就能节省很多时间。于是，在这个基础之上，大家集思广益，想到如果把主食做

长街美食

成饼，将菜全部包裹在饼里面，是不是就能够解决这个问题？之后，在大家的反复试验中，成功地做出了食饼筒这一种美味又方便携带的美食。经过时间推移，食饼筒也在悄然发生着变化，里面包裹的菜种类越来越丰富，饼皮的种类也越来越多。食饼筒在原先饼皮的基础上，制作时往里面添加鼠曲草，使之做出来的饼皮呈现出了绿色，好看又可口。

如今在十里长街，依然保留着方国珍的旧府邸，虽然墙面斑驳，但旧日的食饼香仿佛已闻见。每逢端午时节，路桥人便爱吃几次食饼筒，缅怀旧日方国珍抗战时光。

在中桥头与卖芝桥头可以看到一个阿婆，动作麻利地摊着食饼皮，如果遇到，不妨买上几张回家，炒几个馅料，一包一咬，亲手制作的美味，食之令人幸福。当然，你也可以自己摊几张食饼皮，厚了、薄了、破了、起丁了……制作的过程乐趣丛生，妙不可言。如果嫌麻烦，可以买现成的，即买即吃。

【制作食材】

主料：糯米粉 鼠曲草（地莓）

辅料：米面 五花肉 鸡蛋 土豆丝等菜品

调料：油盐 生抽 味精

【制作方法】

1. 摊皮：将鼠曲草煮熟剁碎与糯米粉搅拌均匀，加水和面，至一定程度后，放置铁饼锅上摊平，做成皮。

2. 炒制各种辅菜；卤制五花肉，预留一些卤汁。

3. 包饼：将摊好的面皮放置平整，在面皮的三分之二处添加各种辅菜，再将饼卷起，两头包好即可。

4. 食用时，可切成两段，淋上卤肉汁增鲜。

长街美食

咸菜炒饭

　　炒饭亦是古代东亚人民在日常生活中自然形成的做饭方法，是劳动人民智慧的结晶。相传隋朝越国公杨素爱吃碎金饭，这也是最早的蛋炒饭。

　　路桥十里长街是路桥历史发展的缩影，有着丰富的人文景观与文化内涵，尤其饮食文化源远流长，是千百年传统美食的繁衍地。繁华的长街，聪慧的人们，有着朴素、节俭的生活方式，以往老街人对隔夜的剩米饭舍不得倒掉，第二天早上做泡饭，孩子们可不爱吃，长街人就做炒米饭，再在炒米饭里加入自己腌制的咸菜，一道提神醒脑、朴实美味的早餐就做好了。据称，长街人杨晨[①]（1845—1922 年）就爱食咸菜炒饭，每每从京城归来，总要吃一顿咸菜炒饭。

　　时至今日，物质条件发生了翻天覆地的变化，咸菜炒饭也提高了规格，选用粒粒相似的优质香米，纯手工未添加任何防腐剂的自制咸菜，再加入甜豆、虾皮、火腿肠等提鲜，再控制油温、火候，翻炒均匀，这样做出来的咸菜炒饭，香味四溢，饭粒饱满 Q 弹，十分开胃，食之念念不忘。

现在的路桥人吃咸菜炒饭是对吃多了大鱼大肉的解腻，也是对过去日子的回忆。

无论走出多远，走得多久，只要回到十里长街，闻见咸菜炒饭香，是游子回家的舒心感觉。

①杨晨（1845—1922 年）名保定，字定孚，又字蓉初，晚号"月河渔隐"，路桥河西杨家里人，清末实业家、学者、收藏家。《台州府志》有传，青年时，杨晨就读杭州西湖崇文书院，他好收藏，同治九年（1870），在主讲路桥文达书院时，曾经捐献经史 2 千卷；同治十二年（1873）随孙琴西到安徽，校阅《永嘉丛书》，得以偷偷地看完孙氏所收藏的各种典籍。

长街美食

【制作食材】

主料：米饭 咸菜 鸡蛋（火腿肠粒或牛肉粒）

辅料：甜豆 虾皮 小葱

调料：猪油 盐 白糖 味精

【制作方法】

1. 锅入猪油，先将火腿肠粒、甜豆、虾皮和鸡蛋炒香。

2. 加入咸菜炒出香味。

3. 加入米饭炒至松散，发亮，加入小葱调色，再调味即可。

咸菜炒饭

硬擂圆（冬至圆）

在路桥，硬擂圆就是冬至圆，是传统节日的美食。硬擂圆是路桥方言，路桥人会在冬至日做硬擂圆，台州其他部分地区也做。

关于硬擂圆的由来，有个凄美的故事。从前，有年冬天，有一家子流落街头，母亲饥寒交加断了气，女儿痛哭一场后，决定卖身葬母。可是父亲也饿得不行，女儿就把刚刚讨来的几个糯米圆给父亲吃，父女推来让去好几次，险些摔了碗，父亲才含泪把圆子吃下。临别时，父女约定，女儿不管到哪家打工，每年冬节都在东家的大门门口放两个糯米圆，今后做父亲的就不会找错门了。说罢，父女抱头痛哭一场就分开了。

翌年冬至，在财主家当丫环的女儿思父心切。她心生一计，对东家说："冬节敬祖宗，也要敬门神，这样才会迎来财神。"东家听罢觉得在理，就叫她将两只糯米圆摆在门口。秋去冬来，几年后，父亲终于找到门口摆着糯米圆的财主家，父女得以团聚。后来，他们有了自己的家，但每到冬节，父女俩不忘那

长街美食

段酸楚往事，总要在门口摆放糯米圆。后来，他们有了自己的家，但每到冬节，父女俩不忘那段酸楚往事，总要在门口摆放糯米圆。后来，乡亲邻居也竞相效仿，以寄托对出远门亲人的怀念和祝福，盼望亲人早日归家。久而久之，糯米圆也成了台州地区的硬搪圆，给冬节增添了富有浓郁人情味的节俗内容。

在 20 世纪七八十年代，冬至是路桥人必过的传统节日。冬至日当月，家里就要把这个消息告知亲戚好友，约定一个吉日，大家便一齐前至。临近黄昏有一个祭拜仪式，摆上当日烧好的八碗加硬搪圆，祭拜祖先，寄托哀思，期许愿景。冬至圆一般会在晚上吃，而做冬至圆则要家里的妇女们全部上阵，这样做出来的硬搪圆才和和美美，滚烫甜糯。

在台州路桥，有民谚"冬至大如年"及"吃了冬至圆又大一岁"之说。所以吃过硬搪圆，也就有了"添岁"的说法，冬至遂有小年的称呼。

十里长街的王鼎记

【制作食材】

主料：糯米粉 500 克

辅料：黄豆粉（熟或炒熟）100 克

调料：红糖 100 克　黑芝麻 50 克

【制作方法】

1. 将糯米粉加水调和，改刀切成菱形备用。

2. 水烧开，将切好的圆放入沸水中，加三次凉水煮沸，直至圆浮出水面。

3. 煮熟捞出放在调好的红糖、黄豆粉上滚一圈，撒上黑芝麻即可。

长街美食

老街嵌糕

老街嵌糕店其貌不扬，一间 20 来平方米的临街房，一代人在这里开了一辈子的早餐铺，店铺门口一张大木板，横在了店面三分之二，余一人可进出。木板上有一条白色厚被子，里面包的便是手工年糕，还有用方盒子装的两排馅料，萝卜、炒面、豆芽等蔬菜为主。卤猪肉汤必不可少，是嵌糕的灵魂，浇一小勺嵌糕就会鲜香无比。往里瞧去，有几张简易桌椅，有几个老人坐在那里悠哉地食用着，一碗豆腐汤，一包嵌糕，迎接一个美好的早晨。年轻人则不同，包一包捏在手里走着吃着，其实一边走一边吃才让嵌糕更加有味。路桥人一大早行色匆匆，不是去做生意，就是去

老街嵌糕

为生活忙碌，从吃嵌糕就可以看出靠海打拼的路桥人，有着拼搏、豪爽、包容、勤劳与奔波的特点。一般嵌糕作为早餐，午后店铺便会打烊。但吃过老街嵌糕隔几天就会再来，胃已经记住了嵌糕的味道，想忘记胃可不答应，于是，你会被嵌糕捆绑，成为美味的囚犯。继续一边吃一边走，接着写一首关于老街嵌糕的诗歌：

吃过老街嵌糕

就爱上东海

馅也无非卤肉、鳗干、虾米、包菜、萝卜丝、鸡蛋

却包裹着"故乡"两字

地平线第一缕阳光，照耀着早餐店

第一批老街人来填肚子了

砧板上摊开，一张咆哮着的海域

海浪推动着现代文明史

店老板铺、捏、夹、嵌得不亦乐乎

咬一口又糯又烫的嵌糕

就登上船只，岛屿

看到巨浪，黑嘴鸥，角刺藻

嵌糕的手艺形同于出海的捕捞

它们交错辉映着

在热带风暴与台风的喘息中

守护台州这块土地

"兄弟，你要什么馅？"

"我要一包东海！"

来，把整个大海包进去

把农业、工商业、渔业统统包进去

在十里长街听一曲《路桥莲花》

乔装成越人，沿着东瓯的习俗

长街美食

拿出桨橹，敲击成的海水
一次次洗涤"远方"这个词语
实际是盼着回到十里长街
吃一包有着吴音的老街嵌糕

【制作食材】

主料：水磨粳米粉 500 克

辅料：鸡蛋 豆芽 土豆 茭白 米面 香菇（按个人喜好配备馅料）

调料：玉米油 食盐 白糖 料酒

【制作方法】

1. 先在盆中倒入粳米粉，将温水（约 38℃）缓缓加入粳米粉中，用筷子搅拌，再用手搓散，让粉处于松散又湿润的粉粒状。

2. 将纱布铺在蒸笼上，再把搅拌好的粉倒入，铺平后在粉中间挖一个小孔（粉不宜放得太满，挖小孔是为了蒸气更好流通）。

3. 烧一锅开水，大火蒸 15 分钟左右。

4. 将盆洗净、擦干，擀面杖一端和盆抹上少许的油。

5. 将蒸好的粉快速倒入盆中，揉搓成一个大糕块，揉至光滑，保温备用。

6. 将猪肉卤好，馅料按自己喜好炒起来备用（馅料尽量以干为主，太湿了包食饼筒时容易漏）。

7. 再在备用的大面团中摘下一小团，用手掌在砧板上铺开，直到糕皮厚度为 0.2 厘米左右。

8. 将馅料包进去，干的馅料放下面，稍湿的放中间。

9. 包好在开口处加入卤肉汤汁，再闭口即可。

长街美食

香肠年糕

　　在路桥人的传统食物中，有两件宝物，一是香肠，二是年糕，若这两样宝物叠加在一起，自然成了非常诱人的人间美味。

　　冬至时节，路桥人家家户户要做香肠，先查天气预报，若是这几天都是大晴天，西北风呼呼叫，就可以出门买上好的土猪肉。夹心肉鲜嫩，后腿肉有嚼劲，按个人喜好购买，再买好足够装的肠衣、上等的白酒，猪肉切小块倒进白酒，再加入盐、糖等调料腌制一夜。孩子们特别好奇，已经跃跃欲试一展身手，母亲喊别急，还要等上一夜。等待的时光总是特别漫长，闻着白酒肉香，又是一个不眠之夜。第二天一早可以制作香肠，将肠衣套在棉线圈（或塑料瓶）上，把肉往里面装，要动作轻柔，别把肠衣撑破了，待到好几米长的肠衣全

香肠年糕

都装了猪肉，孩子们已经迫不及待地找绳子把香肠绑成一小节。香肠制作好挂在屋檐下阴干，一排排、一串串的香肠，是幸福与智慧的象征，此时，年味也更浓了。

而做年糕是乡下一种丰收的喜悦，临近年关，机车队会挨村做年糕、麻糍。一边是家家户户出动做年糕，淘米、洗米、浸米……一边是轰隆隆制作年糕的机车队，另一边是四面八方往机车队赶的运米队伍，使整个村庄沸腾起来。轮到哪家做年糕，就全家出动，抱着草席往场地上赶。刚做出来的年糕特别烫，为防止它们粘在一起，要给它们按队伍一样分开排列，还要不停翻身，否则就粘一起了。所以场面愉快又忙碌，孩子们会烫到手，不停往手心里吹气，要是能吃到父母掐的一小块年糕，那真是幸福到了极致，糯香满口，嚼劲十足，烫也不在乎了。

切几段自家做的香肠，配上自家做的年糕，再加上一些蔬菜，如胡萝卜、豆芽、香菇、包心菜丝，过去的幸福时光就是吃一碗香肠年糕，便值得回味整个冬天。民间有"吃年糕步步高"的说法，吃过香肠年糕，就长了一岁，忍不住想起王安石的增岁诗句：

长街美食

爆竹声中一岁除，春风送暖入屠苏。
千门万户曈曈日，总把新桃换旧符。

【制作食材】

主料：香肠 2 根　年糕 300 克

辅料：胡萝卜　豆芽　香菇干　卷心菜　鸡蛋

调料：料酒　盐　白糖　味精

【制作方法】

1. 将香菇在纯净水里泡发。

2. 将鸡蛋打在碗里加入料酒、盐搅碎。

3. 在锅里放少量油，把鸡蛋摊成一张薄饼状，切丝备用。

4. 锅里倒入食用油，待油温升高到有青烟时，加入香肠、香菇翻炒，五成熟时再加入胡萝卜、卷心菜等翻炒。

5. 待辅料八成熟时加入年糕，翻炒至九成熟时加入豆芽翻炒。

6. 再加白糖、盐、味精，出锅前加入鸡蛋丝拌一下即可。

糖圆（甜蜜蜜）

　　说起糖圆，总是跟甜蜜有关系。路桥一户定亲的男方上门去女方家，旧时物质贫乏，邻里和睦，女方家虽穷，但热情好客，于是就东家借红糖，西家借糯米粉，做好糖圆款待新姑爷，新姑爷也需带着布匹与糖果。布匹是给待嫁娘做新衣裳，糖果是给家里小孩子分食，还可以给准岳父岳母带烟酒与荔枝干、桂圆干之类的，一番分东分西，厨房那厢糖圆也烧好了，邻居家的孩子们会来看新姑爷，站在一旁痴痴笑着。女方家把一大碗糖圆给新姑爷吃，小孩子也可以每人分到两个。男方要吃足一大碗香中带甜、甜中有糯的糖圆，证明胃口好，身强力壮，有力气能干活。吃过糖圆，寓意团团圆圆、百事圆满、婚后爱情甜蜜等等。由此，糖圆便成为本地年轻男女走亲的款待之物，是最好客的点心，是贵宾才能受此礼遇。

　　如今住上十年，邻居还是陌生人，这种乡邻关系的解构，说明从农耕时代文化至工业时代文化进程的微妙转变。一对新人只消牵手上街食用美食，享受两人世界。现在家里也很少做糖圆，偶尔做上糖圆成了一种甜蜜蜜的回忆。

长街美食

糖圆

【制作食材】

主料：糯米粉

辅料：红糖馅

【制作方法】

1. 面粉加水，和成面团。

2. 取小块面粉团，加入红糖馅，收口。

3. 水煮沸下入糖圆，糖圆浮起时加一遍凉水，待糖圆再次浮起即可。

章杨洋糕

在路桥，洋糕是传统点心。为啥叫"洋糕"呢？因为洋糕在蒸煮前，需要"扬一扬"，这样厚薄更均匀，其次，蒸煮是用火"炀"的，这些都和"洋"谐音，因此普遍俗称"洋糕"。

据历史学家考证，明朝开始就有了洋糕。有些地方把农历八月初三定为洋糕节，家家户户自己做洋糕。20世纪的路桥十里长街，人们在清晨的睡梦中会被"卖洋糕哎"的吆喝声喊醒，起床推门观察，一个中年男子挑着洋糕担，走街串巷售卖起洋糕，洋糕也就成了固定的早餐，一些爱睡懒觉的孩子们也被卖洋糕的声响惊醒，赶忙从家里的米缸里掏米（因为在那个年代，洋糕是可以用大米换的）。一块温温的、软软的、甜甜的、糯糯的洋糕，上面还撒了一些黑芝麻，未用劲闻便一股香味钻鼻。中年男子用一把锃亮的菜刀麻利地割下一块，放铜盘秤上一称，立马又加了一小块，把洋糕送到刚才装米的碗里，孩子们心急，徒手抓起洋糕，还没走到内堂在街巷就落肚了。做洋糕需要半夜起来做好，天未亮出门挑好几里路走村串户地售卖，

章杨洋糕

挣的都是辛苦钱。人说路桥章杨洋糕很有名，这一带以前家家户户做洋糕，通过洋糕也看出路桥人勤劳、朴实的生活方式。

儿时有洋糕吃是一件非常幸福的事，这种简单、朴素的幸福影响一个人一辈子的口味与取舍。随着时光的流逝与社会的发展，传统行脚售卖逐渐减少，老街也鲜少听见卖洋糕的吆喝声，爱吃洋糕的孩子们长大后，他们散布在各个行业，只要他们去菜场看到洋糕，就会买一块回家，仿佛回味那个年代的甜糯与松软。

现在的洋糕，在口味上进行了改良，加入了黑米、绿茶或枣泥，增加个性化设计，这样的洋糕想必更能让人胃口大开，招人喜爱。

【制作食材】

主料：早米 1000 克

辅料：白砂糖 150 克 白芝麻 50 克 黑芝麻 50 克

【制作方法】

1. 早米先浸在水里泡发。

2. 再用水磨磨成粉糊状，放入洋糕中。

3. 拌入红糖或白糖，上面放些白芝麻、黑芝麻。

4. 然后放在蒸笼里蒸熟即可。

旧时行担卖洋糕

长街美食

中桥手捣糕

　　手捣糕其实就是纯手工做的年糕，说起年糕就不得不说它的起源故事。据说，这跟春秋时期吴国相国伍子胥有关。当年，伍子胥力谏吴王灭掉越国，可惜吴王并没有听从伍子胥的建议，而是命令伍子胥修建壮丽的都城供自己享乐。后来，吴王听信谗言赐死这名相国。

　　伍子胥临刑前，告诉亲信，如果有一天都城被越军所困，可以去城墙下挖吃的。大家当这是玩笑话，

中桥手捣糕

直到有一天，都城真的为越军所困，粮食吃完了。人们这才想起伍子胥的话，便去挖城墙一角，结果发现，那些城砖竟然是大米做成的，于是全城百姓免于饥荒之苦。后来，人们为了纪念伍子胥，就开始制作城砖一样的米糕，当然个头要小多了——这就是年糕最初的来历。

我们暂且不去探究这个故事的真实性，路桥人每逢腊月都会做年糕，第一是庆祝当年的丰收，第二是寓意吃过年糕生活水平一年比一年高，孩子吃了学业可以步步高升。手捣糕的做法比较传统，把米粉在大蒸笼里蒸熟，将熟透滚烫的米粉放在捣臼里不停地翻动捶打，这样做出来的年糕柔软而富有嚼劲，聪明的路桥人把刚做好的年糕像饼一般铺开，在里面加入自己喜爱的菜肴，发现这样可以拿在手上走着吃，特别有风味，慢慢在当地传开。20世纪七八十年代，在十里长街中桥头就有常年卖手捣糕的摊点。

中桥手捣糕不仅美味，造型更是丰富多样，路桥人对年糕进行想象与创意，手捏出栩栩如生的如元宝、鱼、十二生肖等造型，用于祭祀、进屋、嫁娶、开市等。

长街美食

【制作食材】

主料：米粉手捣的当日鲜年糕

辅料：自己喜爱吃的菜品（通常有猪肉、鸡蛋、虾干、茭白等）

【制作方法】

1. 将刚做的年糕捏开铺平，厚度 0.5 厘米左右。

2. 放入自己喜欢吃的菜肴收边即可食用。

传统制作手捣糕

烂眼糖糕

烂眼糖糕

　　烂眼糖糕的特点是一个甜字，提起甜，大家会想到是糖。在过去物质比较贫乏的年代，能吃上糖可就是富贵人家，白糖与红糖都像宝贝一样，如果家里要打糕条，家长就让孩子去买点糖精来，糖精就是邻苯甲酰磺酰亚胺，吃多了对身体不好，可见贫穷真的会饥不择食。

　　这样高贵的糖，追溯起来可有三千多年的历史。

中国古书上出现"饴"字是在汉代，"饴"是古人口中的一种糖。饴、饧在古代，主要指的是麦芽糖的制成品。相对而言，"饧"指稍硬一点的"饴"。植物种子发芽时一般会产生出糖化酵素，从而把淀粉水解成麦芽糖。麦芽糖不太容易结晶，但很容易制成胶状物质。糖是古人最早制作出的甜味剂。很多地方还保存着在"小年"，也就是腊月二十三用麦芽糖祭灶的习俗，冀望灶王爷"上天言好事，下界保平安"，用麦芽糖是为了让灶王爷的嘴巴甜一点。著名学者季羡林先生曾经写了一部70万字的《糖史》，对于糖的来龙去脉以及在我国发展传播的源流都给予了很深入的探讨。

烂眼糖糕在制作上是将米糕放在蒸笼里炊熟，再用2厘米宽竹签插入米糕中，抽出来后留下形似眼睛的空洞，将红糖注入该空洞，这样多次在米糕中插入竹签，形成很多眼睛形状的糕体，人们把这样的米糕称为烂眼。有烂眼糖糕吃的日子是美好的、甜蜜的，它不是糖精，吃得放心、开心、舒心。不过现在想吃烂眼糖糕要碰运气了，行担卖糖糕的人已经很少，偶尔有运气碰到烂眼糖糕，赶紧买，多吃一次多一份俭朴的甜糯。

【制作食材】

主料：糯米粉

辅料：红糖 芝麻 桂花

【制作方法】

1. 糯米粉和水混合，调制成含水 70% 的散粉状。

2. 使用专门蒸制的桶，家里做用蒸锅就可。

3. 垫上屉布，把拌好的散粉倒到上面，铺平。

4. 炊熟后在上面撒上桂花和芝麻。

5. 将糖糕快速倒扣在案板上。

6. 用竹签在糖糕中间扎孔，将红糖灌入扎好的孔中，制作完成。

长街美食

馒头方糕

　　在台州路桥，每逢过年过节，许多人家中的餐桌上便会摆上馒头方糕这两道糕点，寓意吉祥、如意、健康、发财。馒头、方糕用途很广：上梁、乔迁、定亲、结婚、满月，还有庙会供佛、祭祀等。

　　在台州路桥，乡下建好新房上梁，有一个重要的上梁仪式，正梁要用红布披着，在梁两端悬挂用红布包裹着的谷子、铜钱（谷子表示五谷丰登、铜钱可避邪消灾，福气常临），会向新屋房前屋后抛洒节庆之物。一旦遇上有人家上梁，小孩子们一早得到消息就往新房前门空地上赶，吉时未到，就仰头等待，木匠念过吉语后，就朝下面的人群抛馒头、方糕，孩子们便蜂拥着去抢捡。馒

馒头方糕

头方糕掉泥里了，脏兮兮的馒头仍是一份贵礼，捡到的孩子像捡到宝贝一样，没擦干净就吃，这仿佛是一种快乐的典礼，使乡村的某种寓意得到很好升华。不少本地人还有订婚男方送女方馒头、方糕的习俗，图个高高兴兴、甜甜蜜蜜、一年更比一年高的寓意，喜庆吉利。

　　一个饱满的馒头，一块方正的方糕，口味软糯香甜，像一个时代的烙印，印着几代人集体的甘甜回忆，让人回味无穷。

　　　"快快，再坚持跑一下就到了。"
　　　孩子们手拉手飞奔到新房前
　　　各人挑选着最佳位置
　　　木匠正抓起一个馒头看往哪抛
　　　"快抛我这里——"
　　　"扔到我这边来——"
　　　馒头飞呀，旋转呀
　　　像整个时代的希冀，在空中闪烁
　　　眼疾手快的孩子一举手就接住了
　　　抢到的喝彩，没抢到的着急
　　　一双双期待的眼睛，一对对张开的双手
　　　把乡村的早晨装扮得生动、蓬勃

长街美食

馒头

【制作食材】

面粉　水　酵母

【制作方法】

1. 酵母溶于水中，搅拌均匀，静置 5 分钟。

2. 面粉装于盆中，倒入酵母水，由内向外转圈搅和，搅成面水交融后揉至盆光。

3. 倒在面板上揉至面光手光，收圆成团。

4. 放入盆中，覆盖保鲜膜，发到按压表面无弹性即可。

5. 食用面碱用刀碾细，取出发好的面团混合面碱揉至均匀。

6. 均匀切成等份，铺垫上屉。

7. 盖上锅盖醒发 20 分钟后开大火，烧开后中火蒸 15 分钟即可。

方糕：

【制作食材】

糯米粉　晚米粉　木质模具　白糖等

【制作方法】

1. 将糯米粉和晚稻米粉掺和在一起。

2. 白糖和水搅拌，待用。

3. 将用白糖水搓好的米粉装进四方的木质模具里，抹平。

4. 红字印上，每块方糕都印着四个字，分别有：五谷丰登、十全十美、百年好合、国泰民安、旭日东升、大吉大利等。

5. 放在蒸气锅上蒸，两三分钟便可出炉。

6. 蒸好后，一块块排起来，晾一晾。

7. 叠置木盘上。

猪肚饭

　　在台州路桥民间礼节往来中，猪肚是首选。走亲访友捎上一只猪肚，送的是滋补佳品，赠的是深情厚意。猪肚是一道特殊的食材，富含丰富的钙铁锌等多种营养成分，有强身益体之功效。

　　"炊饭"是路桥人用糯米通过甑子蒸出来的"糯米饭"，在江浙日常饮食中占重要地位，是男女老幼喜爱之食品。在过去，人们基本都要干体力活，认为吃米饭不顶饿，而浓浓的"炊饭"香，不用菜也能吃下，

猪肚饭

且手捏着吃起来极为方便，当人们长途旅行或外出干活时，也会盛储"炊饭"随身带去食用。当地红白喜事（阳宅上梁和阴宅动工等）和节庆民俗，都有甑蒸"炊饭"习俗，因"炊饭"采用蒸炊，有"蒸蒸日上、兴旺发达"之寓意。节后主人遂将"炊饭"送发亲戚朋友、邻居等，其寓意为一起共享兴旺发达。

当秋冬季节来临，寒意来袭，要起早赶到菜场，挑一个本地好猪肚，猪肚要肉厚多皱无猪膻味，分量重，再选当季糯米、板栗，用新鲜的食材才能烹制出一道健身养胃的猪肚饭。经过半日的选材与烧煮，鲜嫩可口的猪肚与糯软晶莹的糯米饭融合，房内便香味绕梁，三日不绝。

【制作食材】

主料：猪肚 糯米

辅料：板栗 香菇

调料：姜汁 盐 白糖

【制作方法】

1. 买回来的猪肚处理：①用淀粉使劲搓洗，直到黏膜清洗干净；②用盐来回搓洗，冲洗干净；③烧热水，放几片姜入猪肚烫熟过凉，用小刀刮洗猪肚表皮黏膜，每一处都刮干净，再放回锅中煮熟，捞出冲洗干净，切成小条，起锅倒入适量的食用油，油温五成热时下入生姜蒜片，爆炒出香味后下入切好的猪肚，然后开大火爆炒。调入少许的生抽、老抽、黄酒、味精，然后再次将猪肚翻炒出香味时备用。

2. 放水将板栗烧熟备用。

3. 生火热锅后，放肥肉煎出油，然后依次放入少量的瘦肉丝、生姜大蒜、香菇，倒入板栗、炊饭，调入少许黄酒、味精翻炒盖上锅盖。入味，盛入大碗中备用。

4. 把炒好的馅料倒入已炒熟猪肚上，盖上保鲜膜放入蒸笼蒸十余分钟，倒扣至盘即可。

长街美食

番薯老鼠

番薯老鼠，顾名思义，就是以番薯为原料，做成老鼠形状的美食。

在 20 世纪六十年代前后，有一段特别困难的日子，粮食极度短缺，出现了严重的饥荒，吃草根树皮，有些人把家里的皮鞋皮带都煮起来吃，可想而知，已经饿到饥不择食的阶段。虽说路桥是商贸之地，家家户户做点小生意，可大家连饭也吃不上，谁还来买东西？可相对于平原来说，大山里的情况就好得多，大量的山地可以种植番薯、土豆、芋头等五谷杂粮，所以在这段时间，父母希望把女儿嫁到周边的山里，米饭吃不上，至少也能吃上番薯吧。就这样，路桥十里长街一带的人们也把女儿嫁到山里，解决了眼前的饥饿问题，这些女儿们嫁到山里后，给娘家送来一袋一袋的番薯。番薯做法众多，煮、蒸、做汤、晒成番薯干样样可以，在那个时期，可是不可多得的美味。女儿、女婿回门，总得做些像样的美食，可只有番薯呀，做生意能手的长街人对美味自然也是特别有创新，他们把番薯打成粉，加入糯米粉与红糖，因地制宜地就着筷子一捏，由于蒸出来的番薯糕像一个老鼠般大小，又呈现深褐色，所以就称其为番薯老鼠。

改革开放后，山里的女儿、女婿又回到长街来艰苦创业，成了名副其实的路桥人，这些人既保持了做生意敏锐的头脑，又兼具山里人的朴实性格，肯吃苦、勤钻研。在吃的方面，既会接受新的菜式，例如烧烤、火锅、料理等，又保留传统美食的技艺。现在闲来或过节时光，一家人围在一起做一顿番薯老鼠，倒成了一家人忆苦思甜、增进情谊的一种仪式。

番薯老鼠

长街美食

【制作食材】

主料：番薯粉 糯米粉

调料：红糖

【制作方法】

1. 番薯粉加糯米粉和红糖搅拌均匀。

2. 开水冲番薯粉，用筷子快速搅拌。

3. 番薯粉加红糖、水揉成整块状（水要慢慢加，粉团不要太湿，不然捏不成形）。

4. 取一小把粉团捏在一根筷子上，捏紧后轻快抽出筷子。

5. 冷水蒸 15 分钟即可。

酒盅印

　　酒盅印是路桥旧时农村一道特色点心，最早由元末海洋开拓者方国珍发明。方是出了名的孝子，酒盅印是其研发孝顺老母亲的一道点心，后亦当作他作战时的干粮食用。当时用米粉制作，后沿袭改良，采用糯米、早米多种食材结合，再用酒盅当模一个个印起来放在纱布上，蒸熟即可。

　　每年农历七月的最后一天，台州习俗要供奉"地藏王"菩萨，农村会自制"酒盅印"加上一些水果，寓意土地丰壤、家宅永安、现存益寿、虚耗辟除等。

　　明后期随着红薯传入中国，酒盅印在原有基础上添加红薯材料再次改良，不仅味道比之前好，红薯属于杂粮，从养生角度来讲，吃

酒盅印

惯大鱼大肉的人们，酒盅印是首选点心，能中和鱼肉、蔬菜，达到营养摄入的均衡。

七八十年代的农村物质匮乏
孩子们放学回家便翻米缸、糖罐
母亲是魔法高手
只要一些粉一个酒盅
放锅里一蒸
就变出美味来
孩子们总要加入制作过程
不是压松了就是压紧了
不是火点不着就是烧得太旺
风箱呼啦啦响着，香味清香而悠远
远远盖过成年后的几千里穿行
其乐无穷的童年
就是食物带来的温暖味觉
转眼孩子们长大了
母亲也白了头
围坐一起做酒盅印的时光
填补走南闯北的倾诉
也使亲情更加坚固、恒久

【制作食材】

主料：糯米粉　桂花

调料：红糖或白糖

【制作方法】

1. 糯米粉和早米粉（或番薯粉）以 6：4 比例混合，再加入红糖（或白糖）、桂花搅拌均匀，并反复揉搓。

2. 用小酒盅将拌好的粉制成一个个"酒盅印"。

3. 放入小蒸笼蒸熟即可。

长街美食

热
菜

老街卤四件（牵肠挂肚）

　　路桥商行四海，以义聚利！自宋时起，有着"无街不市，无巷不贩，无户不商"之称，尤以"十里长街"为商业文化的渊源，兴旺之时，贩卖戏服的、箍桶的、制秤的……熙熙攘攘，每天有数万人在此流动。路桥郏家里是"十里长街"里的一条南北走向的老巷，临水人家有石板条铺就的河埠头，既方便洗涤浇灌，又汇集商贸、运输、出行的功能，甚为热闹。每逢父母送子女、妻子送丈夫从河埠头外出经商，必

老街卤四件

备"老街卤四件"让其带上，一来保存期长，可保存数日；二来有家乡的味道，代表亲人的爱；三来盼早去早回，平安顺利，免得家里人牵肠挂肚！

"老街卤四件"把鸭胗、鸭心、鸭肝用鸭肠绕起来，做成小肠卷一样的形状，故又名"牵肠挂肚"，寓意父母与子女、夫妻亲情永在，历久弥新。如今经过代代改良，口味越发香浓，品质更上一个台阶。因其保存时间长，可当作馈赠亲友的礼品，亦可为下酒菜。

如今河埠头还在，船只作为悠闲旅游工具停泊在岸边，外出经商已由河埠头出发改为乘坐飞机、高铁等，尤其网络时代的数字化运作，更让日子发生着日新月异的变化。斑驳的时光剪影间，不变的是老街人的初衷，对"老街卤四件"的牵肠挂肚，也是乡愁回忆中一道美食与风景。

长街美食

【制作食材】

主料：鸭胗 鸭心 鸭肝 鸭肠

辅料：生姜 小葱 蒜 干辣椒 少许香料

调料：油 盐 味精 本地土酱油

【制作方法】

1. 将鸭胗、鸭心、鸭肝、鸭肠捆扎好，焯水备用。

2. 锅入油，将辅料炒香，放入捆扎好的鸭胗、鸭心、鸭肝、鸭肠，再放入调料卤制，收干汤汁即可。

砂锅老鸭

　　路桥人喜欢吃鸭，但吃得很有讲究，不是本地鸭子基本不吃，只有放养的老鸭，才配路桥人的味蕾。过去有土灶时，鸭子埋入坛中慢火炖煨，随着工业化的快速发展，土灶已经不复存在，砂锅老鸭成了路桥人的首选。

　　传说在路桥十里长街一带，有个当家人其妻因生产孩子过世，留下一个男孩子嗷嗷待哺，其就托媒婆帮他再说一门亲事，好照看他的儿子。因为有了一个儿子就不好娶妻，其再娶的妻子心胸狭窄，加上再婚后又再生一子，后母便对前妻留下的儿子不好，每次炖鸭子吃时总是把鸭头与鸭脚给前妻的儿子，自己的儿子便吃鸭腿，并且使坏地说：读书读得好，鸭头鸭脚掌。这个前妻的儿子忍辱负重，勤奋读书，最终

长街美食

取得了功名。他衣锦还乡，对后母没有以其人之道还治其人之身，仍然以礼相待，炖了砂锅老鸭后，首先把鸭腿夹给后母，他这样以德报怨的做法，在当时的十里长街传为佳话。

春天的鸭子最有营养，肥而不腻。做老鸭煲的鸭子，煮出来的汤一丁点怪味都没有。煮鸭汤一定要用砂锅慢熬，味道才会正宗，先把浮在汤面上的血沫子去除，放生姜、大葱和香菇，小火慢慢炖，大约需两小时。将竹笋和少许虫草花放进去，再加点火腿片，味道会更佳。继续炖 20 分钟，一锅香喷喷的老鸭汤就做好了，不要放味精，原汁原味的鸭子汤让人喝过余味无穷。

现在，路桥一带在秋收或农忙之后，农家会煨个鸭子补补身体，一家人围坐一起享用增进亲情。另外在八月中秋时，嫁出去的女儿要送老鸭给父母，以报养育之恩。父母会煲鸭汤供女儿女婿回门享用。再加上老鸭有滋补养颜、补肾、除痨热骨蒸、消水肿、止热痢、止咳化痰、养胃生津、强身健体等功效，更是让路桥人持久喜爱。

【制作食材】

主料：家养老鸭（一年以上）

辅料：金华火腿 香菇 干笋 虫草花（辅料可根据喜好增减）

调料：葱 姜 盐 黄酒 高汤 食用油

【制作方法】

1. 将火腿、香菇洗净切成丝和片，干笋洗净切成丝，葱、姜洗净切成段和片。

2. 将火腿丝、香菇丝、干笋丝塞进鸭肚子里，用竹签封住。

3. 砂锅点火倒入高汤、香菇片、火腿片煮2个小时后，捞出锅里的辅料，放入鸭子，加入少许盐、姜、料酒、香菇、干笋、虫草花等，再煲6—8个小时。食用前放入香葱末即可。

长街美食

老叟牛肉

    路桥人提起牛肉，上些年纪的人肯定会想到老叟牛肉。老叟在路桥老人民饭店与话月巷都卖过卤牛肉，那是 20 世纪七八十年代的事，时间如梭，老叟现在如活着，也有 100 多岁了。

    老叟是路桥牌前人，生于民国，卒年约 20 世纪末。老叟身高仅 1.3 — 1.4 米，背上好像背了一口锅，是个驼背，路桥人土话叫驼背为"老叟"。老叟因其体貌有侏儒般的特征容易被人记住，天长日久，没有人记得老叟的名字，只知道是一个驼背又矮胖的卖牛肉者。20 世纪八十年代那会儿，老叟由于年老，背更驼了，眼睛几乎只能看到地面，有记忆的人形容他越老越看上去像一个小孩子。老叟为什么会长成这样驼背呢，可能是当时父母怀孕时吃了不该吃的药，也没有优生优育的产检。老叟就在这般与人外貌迥异的情况下活动在十里长街，365 天，天天下午 4 点开始准时售卖着他的牛肉。

    据在十里长街长大的四十多岁的人回忆，老街人隔三差五就想吃老叟牛肉。老叟的牛肉是卤制品，色相较红，块头较大。他们小时候去老叟这买牛肉，老叟用眼睛斜看着你，手上却一直机械地切着牛肉，切得又薄又均，你若不喊停，老叟会把你带的牙罐装满为止，再仔细过秤算出价格，你若喊停，老叟不会多切一片。老叟的卤牛肉选用的是上好放养的黄牛肉，不仅色泽红润、肉质鲜美、嚼劲十足，卤的时间、火候、调味等尺度恰好，而且价格公道，童叟无欺。

　　岁月更替，售卖者更替，唯牛肉一直是十里长街人的最爱。当初的老叟牛肉也成了走进路桥十里长街、寻找美味时回忆中的一部分。

老叟牛肉

【制作食材】

主料：牛腱子肉1000克

辅料：葱 姜 蒜 香叶 八角 桂皮 丁香 草果 小茴香

调料：生抽 老抽 黄酒 精盐

【制作方法】

1. 准备新鲜牛腱子肉1000克。

2. 将葱、姜、香叶、八角、桂皮、丁香、草果、小茴香装进纱布袋中，锅中放入水，放入牛肉煮一会，去除血水，捞出洗净表面浮沫。

3. 另准备一个锅，放入水和牛肉，再放入黄酒、姜片、葱段和香料包，然后倒入适量的生抽和老抽，大火煮开，转小火煮1个小时，再加入精盐调味，继续煮至肉熟即可，捞出切片即可食用。

塘桥田蟹酒

塘桥位于十里长街石曲的南官河上，桥下的水系由黄岩、海门、泽国三地汇集而成，汇聚流入金清闸而入海。塘桥大约初建于清朝末年，是先民的智慧结晶。其不仅外形美观，同时又可避水流冲击。在塘桥附近有一个汽船埠头，东至金清、松门，南至太平、温岭街，北到椒江海门、葭沚。

清朝末年，在塘桥边上住着一对兄弟，他们以捕捞水生物为生。在有着"百路千桥万家市"之称的路桥，人人会做生意，他们能钓黄鳝、抓泥鳅、捕鲫鱼、摸田螺、捉田蟹……样样在行，生活得自给自足。话说这一年九月十五后，秋风骤起，北雁南飞。俗语称：江南九月，菊黄蟹肥，兄弟俩一边观察天气一

塘桥田蟹酒

长街美食

边结合俗语，觉得去塘桥一带捉田蟹（田蟹：路桥方言，书面语称大闸蟹）的好时节来临。哥哥与弟弟分区域各自捉到一定数量的田蟹，但经过比较，为什么哥哥捕到的蟹圆脐居多，弟弟的以长脐见多？他们仔细地观察着流水的走向与蟹群的活动，发现东南支流的水温比西官河的高，原来这些蟹是流过来取暖的。至此，塘桥成了划分田蟹肥瘦的分界线——桥东南支流里的肥，桥西官河里的瘦。

在民国时，有一位名叫章九芝的轮船公司老板。一次他将货物从路桥运至上海，当地友人宴请章九芝，并请他品尝上海最好的阳澄湖大闸蟹。章九芝吃过大闸蟹后发现，这阳澄湖大闸蟹还不如自己家乡塘桥的田蟹，上海友人不相信他家乡的田蟹能比阳澄湖大闸蟹更好吃。于是当章九芝再一次去往上海时，带上了一大筐的塘桥田蟹，当上海的友人品尝到塘桥田蟹后，发现阳澄湖大闸蟹不如塘桥田蟹。相比而言，阳澄湖大闸蟹有一股腥味，而塘桥田蟹膏多肉肥。从此之后，塘桥田蟹远近驰名。

【制作食材】

主料：大闸蟹

辅料：生姜片

调料：红糖 黄酒（适量）

【制作方法】

1. 大闸蟹冲洗净备用。

2. 锅内放入大闸蟹、加水300ml，先加入适量黄酒，加入姜片、红糖，盖上锅盖开中火。

3. 水开后焖煮至熟透，再加入黄酒稍煮即可。

长街美食

千里飘香

　　"千里飘香"实际上挺臭的，臭到令很多人无法忍受，亦有人称它是全中国最臭的菜。但人们一尝过这臭食物，十天半个月没吃上就会特别想念。如此有瘾又魔性的美食，到底是用什么诱惑人们的舌尖，让人欲罢不能又心心念叨？

　　过去，路桥人管"千里飘香"叫"翁笼菜蒂头"（路

千里飘香

桥方言音），也是贫苦人家没有吃时才食用的食物，谁家要是吃这个"翁笼菜蒂头"，谁家就是标准的穷人。不过20世纪大家都穷，在乡下，家家户户都有七八个用来腌制的、大小不一的坛子。农家腌花梗、泡杨梅酒、自制豆腐乳、自制米酒、腌咸菜等等，要成为乡里最能干的主妇，就要会制作这些东西。

叶适

当然，"千里飘香"是个例外，最初，它是棒菜（台州方言：菜蕨，它属芥菜的一种，与榨菜、芥菜的栽培技术大体相同）储存时间太久，所发生化学反应的结果。人们发现棒菜腌制失败，大部分人都会在可惜声中倒掉，有一户人家家里特别穷，又特别节俭，就抱着吃吃看的心理，把腌制坏掉的棒菜块与豆腐一起炖汤，不想做出来后别有一番味道。隔壁邻居闻到了这个奇奇怪怪的味道，过来探究，一尝竟然是说不出来的美味。于是这美味就在村中一传十、十传百传开，乡里人纷纷效仿，自此"千里飘香"就诞生了。有时，想特意腌制失败也不是一件容易的事，所以依靠自然的方法腌制出"千里飘香"，还是要点技术的。

说来奇怪，相传世称水心先生的南宋著名思想家、文学家、政论家，永嘉学派集大成者叶适先生在路桥讲学时，就对路桥的"千里飘香"喜爱有加，隔几日必食之。

无论早餐下泡饭，晚餐就米饭，"千里飘香"食过后，食肉更味，食鱼更滋，胃口超好，心情超棒。食过"千里飘香"，餐餐吃饭香。在路桥十里长街243号就有这道菜，一些美食者专程从远处赶来，就是被这香味引诱过来的。

长街美食

【制作食材】

主料：腌制棒菜（亦可选用榨菜、芥菜）嫩豆腐

调料：食用油 精盐 纯净水

【制作方法】

1. 棒菜洗净切段，用开水微烫一下，自然放凉。

2. 棒菜放入坛中，加适量盐，再放入纯净水。

3. 将坛口封好放至阴凉干燥处，腌制半年以上。

4. 将腌制得有些臭味的棒菜与嫩豆腐一起在锅中炖汤，大火炖开小火煮 15 分钟即可。

清蒸肉散

　　路桥人特别爱吃猪肉，比牛肉、羊肉更甚，宴请、祭祀、家庭聚会少不了食用猪肉。在过去，能经常吃上猪肉也是富贵人家才能做到。

　　爱吃猪肉，就得自己养猪。20 世纪七八十年代，路桥农村家家户户养猪，这些猪用剩饭剩菜、番薯粥、米糠、油草等喂养，靠着这些养大的猪肉有一股肉香。

养猪最有意思的事是给猪"出猪栏"（方言），就是把垫猪圈的稻草运出猪圈，这些烂稻草可是很好的下田肥料。家里大人把猪放出猪圈，让小孩

清蒸肉散

看管，自由的猪没有目的地乱跑，小孩子就猛追，越追猪就跑得越快。一般家里都养两头猪，这两头猪会朝着两个方向跑，它们可不管菜园、稻田，爱上哪里

长街美食

就上哪里，把管猪的小孩子都急哭了。这时大人会告诉小孩子们，要给猪挠痒痒。果然，小孩子用竹棍在猪的肚皮上来回扒拉，猪就很配合地躺下了，看得小孩子只觉得神奇。每次需要半个小时，猪圈的肥料就全部用钉耙钩出来了，铺上新的干稻秆，猪也就回到猪圈里，猪享受挠痒与小孩子管猪的快乐时光也就结束了。

一般到了冬至或年关时节，自然喂养一年的猪就可以出栏，家里会选好吉日请来屠夫现杀家猪。女人们对喂养过的猪产生了感情，一般杀猪日她们都会异常难过，有些甚至黯然落泪。但杀罢猪用猪肉做各种食品又是另外一回事。孩子们不太喜欢吃红烧肉，觉得太油腻，聪慧的父母们就做成清蒸肉散。每每家中传出肉散香时，孩子便能吃上三碗饭。做清蒸肉散，是父母对付不吃饭孩子的妙招。

在路桥老街 243 号，有一家叫於德安堂的饭店，生意很是红火。他们有一道清蒸肉散的菜品，是客人们来此店必点菜，清淡的肉香，仿佛是对那个时代的回味。

【制作食材】

主料：土猪肉 500 克

辅料：葱花

调料：盐 糖 酱油 蚝油 料酒

【制作方法】

1. 把土猪肉洗净，剁碎（挑选前夹心肉，带点皮肉），这样肉蒸起来嫩滑。

2. 再撒些盐和糖混在肉里搅拌，拌些料酒、蚝油、酱油，搅拌均匀（调料可凭自己的口味添加）。

3. 接着用蒸锅水烧开，把装盘的肉末放入蒸锅蒸 15 分钟左右，出锅时放些葱花即可。

牡蛎煎蛋

从前，在路桥金清海边，有一户人家。丈夫是个渔民，妻子在家带着孩子，倒也安居乐业地生活了几年。有一年刮台风，丈夫出海遇见大风浪再也没有回来。这家妻子带着年幼儿子，一有空就到海边守望，哭得伤心至极，希望奇迹出现。一直在海边等了三年，仍不见丈夫归来。这个妻子本来在家里养了两只公鸡，是给丈夫滋补身体的，这会儿养着养着，不想养了。三年来公鸡一打鸣她就出门帮人补渔网，或者独自上山砍柴，继又讨小海，这样才勉强维持日子。由于思夫心切又长期抑郁，她变得憔悴不堪，不是经常失眠梦见丈夫归来，便是精神恍惚时常幻听，听见丈夫跟她在说话。这样长此下去肯定会出事，好心的邻居便想帮她再介绍一门亲事，哪知都被她拒绝了。邻居心生一计，告诉她，要是家里的公鸡下蛋，就能治好她的病。她根本不信公鸡会下蛋，但邻居这样一说，她倒是注意起鸡窝来了，第二天中午果然在鸡窝里发现两枚鸡蛋。她赶紧拿着鸡蛋找邻居，邻居指着家里备下的牡蛎对她说，我家这几日牡蛎特别多，你

牡蛎煎蛋

拿一些去做成牡蛎煎蛋，连着吃七天，病就能好，这也是你丈夫托鸡蛋给你，希望你早日恢复健康。这个妻子将信将疑，但每天都能从鸡窝里捡到两枚鸡蛋，就开开心心地做牡蛎煎蛋吃。不想吃了两个星期后，病情真的好转；过了几个月，睡得挺香，脸色也红润起来。原来邻居懂得一点医术，知道她由于思夫心切，心神难宁，平时又节省没怎么吃好饭菜，而牡蛎具有安神助眠功效，鸡蛋营养丰富，也算滋补品。知道她平素舍不得花钱，就偷偷每天在她的鸡窝里塞进两枚鸡蛋，让她相信是自家公鸡下的蛋，吃时就放心了。

　　故事已经被人们遗忘，但牡蛎煎蛋已经在路桥当地流传。如今在路桥长街，仍然可以吃到牡蛎煎蛋。快来点一份吧，味道赞营养价值高，辅助治疗因肾虚所致的腰膝酸软、少气懒言、耳鸣、头晕目眩等症状，效果明显。

长街美食

【制作食材】

主料：牡蛎肉 220 克

辅料：鸡蛋 3 只 葱花

调料：盐 糖 酱油 蚝油 玉米油 干辣椒粉 黄酒

【制作方法】

1. 新鲜牡蛎去壳，放入面粉水里轻轻抓洗，冲洗干净后，再放入盐水轻轻抓洗一遍。

2. 不粘炒锅中放少许玉米油，七成热时将牡蛎放入轻轻翻炒几下，同时在锅中洒入一点料酒去腥，再翻炒几下盛出。不要炒得太久，牡蛎肉会发硬。

3. 大碗中打入鸡蛋，加盐、葱花、少许生抽（不加也可以，成品颜色更鲜嫩），搅拌均匀，加入牡蛎。喜欢吃辣的可以加点干辣椒粉。不喜欢吃辣的可以不放，味道也很鲜美。

4. 锅中放油，八成热时，将牡蛎蛋液倒入锅中，摊平，煎制，鸡蛋和牡蛎凝固，蛋不要炒得太老。此时，如果怕上火，锅中放少许的水，略焖一下。

5. 水蒸发殆尽时，盛出装盘即可。

家烧鲫鱼

路桥属温黄平原，滨海地带，河网密布，以南官河为首的河道在路桥境内纵横交错，湖泊、池塘、沟渠紧密相连，形成丰富的灌溉资源，也有着充足的水中物产。

古话讲：有水不断鱼。在这些湖泊、池塘、沟渠里，到处都能捉到鱼虾。特别是鲫鱼，几乎是路桥淡水流域里最最常见的鱼类，没有之一。

20 世纪七八十年代，乡下最妙趣横生也最狂欢的时刻是抽干池水活捉鱼类。要等到好久没下雨了，池水水位比平常储水量低时，村中就会有人发动捉鱼行动。一大早壮年男人们就把堤坝筑得高高，几个水车集体在岸边车水，把一池的水引流到其他池塘或田地里，要经过几小时的漫长等待。小孩子们则期待地跑前跑后观望，有几个调皮地跑去车水，车了一会儿就累了也没有多少兴致，发现时机还没到，先回家吃个中饭再说。池水一般会在下午的黄昏时车得差不多了，这时池塘边上站满了激动的人们，大有男女老少集体出动的景象。鱼儿已经在池底开始跳跃，那噗通

噗通声加上人们的欢呼声，使这个黄昏沸腾起来。已经有壮年男子往池中深一脚浅一脚走下去，更多的男人等不及也跟着下去。一时间，他们在湖中的浅淤泥中摸着，不时往岸上

家烧鲫鱼

扔着鱼，凡有一条大鱼扔上来，岸上人就一阵忙碌，去捡起装到大木桶里。如此扔着、捡着鲫鱼、草鱼、胖头鱼等，才一个小时左右，鱼儿就装满了木桶，不时有一条顽皮的鱼蹦出桶外。村里人开始分鱼，要看这池塘属于哪个小队的，这个小队的村民们就可以分到十来条鱼，如果鱼多就分一些给围观的村中人。大家兴奋地拎着鱼往家里赶，晚上就是品尝家烧鲫鱼最好的时光。一家人围坐一起，年长的父辈们会倒一盅白酒，夹一块鲫鱼肉，这一日的快乐就在此了，这时候小孩子调皮一些，家长们也是默许的。快乐的捉鱼时光总是非常短暂，第二天壮年男人们会继续在池里刮淤泥，把池塘修缮一番，有漏的补上，这样利于农业灌溉，也为了明年有更多的鱼。

【制作食材】

主料：鲫鱼500克

辅料：洋葱 生姜 葱花 蒜瓣

调料：盐 糖 酱油 蚝油 食用油 黄酒

【制作方法】

1. 把鲫鱼鳃、鱼鳞、内脏、黑膜清理干净，在表面上斜划几刀。葱切成葱花，生姜切片，洋葱切丝。

2. 锅里下一勺食用油烧热，下入鲫鱼，小火慢煎一会儿。

3. 下入姜片、洋葱、蒜瓣继续慢煎。

4. 此时的鲫鱼已经煎出香味了，小心翻面，至鱼两面呈黄色，加适量黄酒、盐、白糖使鱼肉除腥更入味。

5. 加入开水（凉水会使鱼肉回缩，煮好后肉质变柴，相比之下加开水更好，开水能使肉质不变柴，吃起来也不会腥）没过鲫鱼，开大火煮10分钟，直至汤汁发白黏稠。

6. 鱼汤里再加适量盐调味，即可盛出，撒上葱花，一份美味的鲫鱼汤就做好了。

长街美食

黄鱼鲞

清朝宋世荦有诗云：

一回潮上一回鲜，紫蛤花蚶不计钱。
泼剌黄鱼长尺半，如飞摇到路桥船。

如诗所描写路桥是一个海鲜之城，紫蛤、花蚶、黄鱼海鲜不计其数。从美味角度来说，黄鱼因其鱼肉嫩味鲜少骨，自古有"琐碎金鳞软玉膏"之誉，是我国经济鱼类之一，很受沿海居民喜爱。

对于黄鱼最值得提及的是敲罟作业。这种作业方式发明于明朝嘉靖年间的广东潮汕，专门捕捞大黄鱼，又称敲黄鱼、敲梆作业、敲竹杠。作业时，由两条母船和几十条小船，围成一圈，不停敲击绑在船上的竹板，缩小包围圈到一定距离，再加大敲击力度，震晕黄鱼后，再一并捞起。这种作业方式是利用声学原理，敲击引起大小黄鱼等石首鱼类的耳石共振，震晕后再进行捕捞的一种生产方式。敲罟作业成本低、效率高，凡石首鱼科鱼类，大鱼小鱼一律昏死。20 世纪七十年代，台州一带也出现了大面积的敲罟作业，几近让黄鱼灭绝。也是部分人觉醒后有了保护意识，开始有节制地捕捞；另是大海博大，鱼类繁衍生生不息，物种得以有幸生存下来。不过野生黄鱼遍布大街小巷的一幕几乎成了上一代人的集体记忆。现在的黄鱼是网箱养殖居多，经多年实践，已形成一套成熟的人工养殖技术，适宜在近海口人工养殖，养殖效益较高，人人可吃到黄鱼。高科技作业真是应了那句诗：如飞摇到路桥船。所以，路桥人的菜篮子里有条黄鱼，经常吃黄鱼不是什么稀罕之事。

　　行走于冬至前后的十里长街，弄堂里、屋檐下不时闪过几条黄鱼鲞，香味诱人，给老街平添了几抹烟火味，晒黄鱼鲞讲究腌制时令与翻晒技巧，要选在冬至节前后三四天翻晒，这时节西北风呼呼，不会因为潮湿而使鱼味变质；且不要在烈日下暴晒，要选择在风大的地方阴干，不可晒时间太长，一般三五天即可。将黄鱼鲞独立真空包装，可以保存半年。想吃随时切几片蒸于饭锅上，待蒸熟时满间的黄鱼香，香味悠悠然飘出老远，门前屋后街巷都可闻见。闻见黄鱼香，在老街上晃悠的人们就会想家了，就会加快步伐回家。闻见黄鱼鲞香——可以回家过年啦。

黄鱼鲞

【制作食材】

主料：鲜黄鱼

辅料：生姜 蒜瓣 葱花

调料：黄酒 食盐 白糖

【制作方法】

1. 将鲜黄鱼剖杀，取尽内脏，用盐、黄酒、白糖、生姜末腌制一晚。

2. 第二天将黄鱼悬挂于风容易吹到的地方风干，一连翻晒三至四天。

3. 将翻晒好的黄鱼鲞化开。

4. 葱姜切片，插到鱼身上的口里，倒料酒1勺，不用放盐及任何调味。

5. 姜插到鱼身刺好的口里，放到铺好葱姜的盘子里。

6. 炖锅放水，置架子，水烧开后把黄鱼鲞放到架子上用大火蒸。

7. 盖上盖子蒸7分钟，品尝前撒上葱花即可。

龙头王川豆芽

　　川豆亦称佛豆、蚕豆，是江南人家普遍在自家田间、地头、河边喜种的植物。等到五月川豆稍成熟时，大家就争相吃新鲜川豆，称为立夏尝鲜。可是新鲜的川豆吃不完怎么办呢？人们就把豆晒干储存，等到想吃的时候，取出经水浸泡数小时，烧制即可享用。据老辈人讲，20世纪90年代以前，勤劳、朴实的龙头王人把川豆芽做到极致，川豆芽也成了龙头王村的支柱产业，百姓们一听是龙头王的川豆芽，就会购买。为什么龙头王川豆芽如此受欢迎？龙头王人用独特的

龙头王川豆芽

长街美食

翻背方式，在川豆芽刚煮熟时，迅速地将川豆芽倒入竹匾，加入盐、白糖、葱、味精等调味品，不停翻背着竹匾。通过抛高落匾，川豆芽经受力与力的撞击，使其煸得更加软糯入味，醇香四溢。清晨，龙头王人用棉被包着川豆芽售卖给附近居民，有的在小菜场有摊点，大多数是沿街走村叫卖。整整一个世纪，龙头王人靠着售卖川豆芽，形成了几代人朴素与勤勉的生活模式。

　　川豆芽是路桥人钟爱的菜品之一，是逢年过节以及祭祀祖先时常出现的菜品。川豆所开之花，也寓意着吉祥如意。传统医学也认为川豆味甘、性平，入脾、胃经；具有补中益气、健脾益胃、清热利湿、止血降压等功效。如今龙头王人已经不再售卖川豆芽，但龙头王川豆芽还占据着人们的记忆，看到有卖川豆芽的，买一斤，唇齿间咀嚼着一个时代的变迁。

【制作食材】

主料：老川豆 500 克

辅料：猪油（两小勺）　大茴香（一个）

调料：葱　盐　糖（少许）

【制作方法】

1. 川豆加水和大茴香煮熟，捞出备用。

2. 锅入猪油，炒香，倒入川豆，调味，放入葱花拌匀即可。

爆炒螺蛳

　　路桥人方言所指的螺蛳属田螺科，广泛分布在淡水湖泊、水库、稻田、池塘、沟渠。因其肉嫩味美、营养丰富，且有清热止渴、明目等食疗功效，成为人们喜爱的水产品之一。特别是路桥人把它作为廉价的美味佳肴。

　　掏螺蛳是乡野饶有趣味之事。乡村的人们一般在稍旱之后去，这时湖泊水位低，螺蛳集中在湖底。岸堤坚硬，方便人们站在岸边掏螺蛳。智慧的人们为了快速、省力掏到螺蛳，特殊制作了掏螺网兜，由一根又直又长的竹竿与一个箸箕状的网兜组成。网兜口是削薄了的硬木片，方便下水沿着湖岸掏螺蛳，后面是

爆炒螺蛳

半圈的支架，下面挂着网。将掏螺网兜沿着湖岸（韧中带劲，切不可蛮力，也不可轻飘飘地）向湖心掏去，重复五至六次，收网兜查看底部是否有沉重感。肉眼可见一小袋东西悬挂着，便将其收回往岸上一倒，就会有几十颗螺蛳（里面含有泥块、螺壳、树枝等）。捡螺蛳令人快乐，有些人还爱数一数劳动成果。有时运气好也会有贝壳、湖虾、小鲫鱼等，掏到这些额外的福利，晚餐就多了一份美食。父母一般不放心十三岁以下的孩子一个人去掏螺蛳，于是父母便亲自带着孩子掏螺蛳。捕捞螺蛳就像去野外秋游，类似现在的研学，令人兴致盎然。孩子们就是捡父母掏来倒在岸上的螺蛳，久之便失去新鲜感，便会央求父母让自己一试身手，但大概率没有父母掏得多，一旦有一次掏得多，回家后便四处在邻里炫耀战绩。

妇女们在河埠头洗衣，会在石板桥下摸到一捧螺蛳；男人去茭白地里除草，在浅水滩上也捡来一斗笠螺蛳；引水的小沟渠里，一到夏天螺蛳都主动爬上来透气，它们将肉墩墩的小触角伸出水面，小孩子也能任意地捉啊捉……只要有淡水就会有螺蛳。但田里还有一种田螺，虽然两者长得很像，但还是有以下几点不同，贝壳不同：螺蛳的贝壳表面不如田螺光滑，上面长有许多螺旋形的肋纹，田螺的贝壳上面没有肋纹；大小不同：田螺可以长得很大，螺蛳一般长不大；生长区域不同：螺蛳匍匐在水底生活，要用特制的拖网才能捕到，田螺喜欢生活在岸边或水田里。所以摸螺蛳时区别一下，别把田螺当螺蛳，在乡下，田螺较腥，只是用来喂鸭所用。

螺蛳要养一天才能吃，勤换水，让其将体内的泥浆等脏东西吐出。将干净的螺蛳尾部剪去一小部分，这样吃时一吸吮，美味的螺肉就吸吮到了口中。乡下的夏夜蚊子特别多，"啪"打死一只蚊子，夹一粒螺蛳"嘬嘬"发声，再抿一口陈年黄酒，看夕阳不紧不慢地又迎来了美丽的黄昏。

【制作食材】

主料：螺蛳

辅料：姜 蒜 葱 辣椒

调料：猪油 黄酒 酱油 盐 白糖

【制作方法】

1. 提前一天用茶水或盐水浸泡螺蛳，让螺蛳更好地吐净肚子中的杂物。将清洗干净的螺蛳剪去尾部备用。

2. 将生姜切成姜丝，蒜头剁成蒜蓉。

3. 往锅中放入适量的猪油，待油冒烟，倒入姜丝和蒜蓉爆香；如果喜辣，可以往锅中加入适量的辣椒。

4. 倒入锅中，用大火煮，并迅速翻炒，直至看到有些螺蛳的吸盘掉落。

5. 接着往锅中倒入黄油，略翻炒，放入调料并加入适量的水，焖 3 分钟，出锅后洒一点葱花点缀。

长街美食

灰糖煨鸭

灰糖煨鸭

　　大概在清朝期间，路桥横街有一个穷书生，姓吴，读书很好，无奈年年上京赶考，年年不中。眼看着已经连着五年都没有考上，家里人都劝他不要考了，老老实实务农。他就是不听，偏要读书，求得一个功名，家里的田地就留给妻子耕种。妻子一边务农一边养育孩子，甚是辛苦。但丈夫一心为了功名，也是有上进之心，也就不多说了，妻子便继续辛苦务农抚育孩子。这一年秋天，妻子收成稻谷后，病倒了，整天躺在床上。吴书生看在眼里急在心里，家里又没钱请医生，心想妻子是太累了，就上养鸭的叔父家借来一只老鸭，要炖给妻子吃，不想笨手笨脚把洗好的鸭子掉灰塘了。吴书生灵机一动，不如找个瓦罐把鸭子放入埋灰塘里煨。这一煨，居然煨出了肉质香软绵糯、汤汁稠浓醇口的鸭汤，房间都香了三天。妻子食用后，第二天病轻了很多，没过几天妻子就能下地干活了。邻居都感到奇怪，吴书生就说出了灰塘煨鸭的事。村里人纷纷效仿，各家根据自己的口味制作，果然比锅灶炖的鸭子更加美味，于是将煨鸭的手艺在乡坊传开。说来奇怪，转年吴书生也考取了功名，皆大欢喜。

现在，路桥人随时可以煨个鸭子尝尝鲜，一来感谢家人的辛劳付出，二来是对日子的一种感恩，三来寓意能读书长进快，能学识渊博。

灰塘煨鸭经过百余年的传承，根据吴姓农家传统煨鸭方法不断改良，选取优质老鸭，配以天然食疗药材，以老瓦罐为器皿放入灰塘煨制五小时以上，有滋补养颜、补肾、除痨热骨蒸、消水肿、止热痢、止咳化痰等作用，养胃生津、强身健体等功效。

长街美食

【制作食材】

主料：老鸭1只

辅料：香菇 笋干 黄花菜干 党参 枸杞 老姜干

调料：黄酒 盐 糖 八角 茴香 味精

【制作方法】

1. 香菇、黄花菜干、老姜干等泡发。

2. 将食材装入老瓦罐中，加水，调好味道，再以荷叶、黄泥封坛口。

3. 生炭火，再将瓦罐埋入炭火中煨制5小时左右，直至老鸭骨酥肉烂。

猪心炖黑枣

　　过去每逢过年时，猪农便会斩杀养了一年的猪。凌晨，天还黑着，就听到猪的嚎叫声——准是哪户人家又杀猪了。杀猪时会把邻居叫来帮忙，然后一顿鲜吃，余下的腌制起来。像猪心这样的当属补品，聪明的农人便与黑枣炖制一番，好犒劳一年来辛勤的家人，滋补身心。

　　猪心炖黑枣是以猪心和黑枣为主要原料制成、兼具食补和药补功能的美食。这道菜肴营养价值高，具有补血养心、健脾益气、宁心安神、健脑益智的作用，对失眠、食欲不振、健忘症状有食疗作用，适宜小孩和女性朋友食用。在台州本地，通常作为进补佳肴，适合一些大病初愈，或者是刚刚做完大手术的患者食用，可以补充恢复体能所需的很多营养物质，特别是对心脏部位的患者来说更佳，可以在一定程度上改善心脏功能，达到"以形补形"目的。

　　乡村的黎明还在霜降中沉睡
　　洁白洁白的霜给树枝戴上白帽子

长街美食

给房子穿上了白衣裳

鸡还未啼

屠夫已经在路上了

一盏昏黄的灯盏照亮村东头的猪圈

主人家早已候着了

轻微的响动惊醒爱睡懒觉的孩子

他们好奇地摸索着起身

偷偷地想一窥究竟

大人总要驱赶孩子们远离杀猪现场

忍耐的时光特别意味深长

此时，东方微白

猪已杀好，屠夫嘱咐主人家多烧些水

灶间柴火噼里啪啦

风箱呼哧呼哧

开水在锅里咕咚咕咚

滚烫的水蒸气与薄纱般的雾霭

融在了一起，霜正在缓慢地融化

乡村冬日的黎明正在苏醒中

【制作食材】

主料：猪心 1 个

辅料：黑枣 茯苓 远志 干枸杞（各适量）

调料：味精 精盐 冰糖（各适量）

【制作方法】

1. 先将猪心剖开，洗干净，焯水，挤出残余的血汁；

2. 茯苓、黑枣、远志用清水洗净，泡发；

3. 将辅料同猪心一起放入砂锅，加水适量，用大火烧开，撇去表面浮沫。

4. 改用小火慢炖，至猪心熟透后，放入冰糖、干枸杞，加少许精盐调味即成。

长街美食

稀卤肉皮

猪全身是宝，但在昔日，猪皮（亦称为肉皮）是下脚料，人们在食用精肉之后，根本不想吃猪的皮，看着浪费掉又可惜。于是，聪慧的人们就将猪皮油炸后食用。

炸肉皮前，先准备热碱水，将生肉皮放在里面浸泡；再用刮刀或硬刷除去肉皮上的油，然

稀卤肉皮

后温水漂洗干净，接着将肉皮晾干或晒干。炸制时，先在锅内放冷油，待油温烧至 60 摄氏度时，把肉皮放入，肉皮受热自行卷起，待起白泡时，捞出稍凉；油温升高后，再将肉皮入锅回炸，至发泡膨胀后捞出。

这样炸出的肉皮，再经烹制，质地松软，味道鲜美。肉皮的储藏也很讲究，在过去没有塑料袋的时代，为了不让肉皮受潮，一般放进陶缸密封储存，可以储存几个月。待到想吃时拿出一块切条泡发，便可做一盘美味的稀卤肉皮。

肉皮头碗菜——路桥民间做"七月半""冬至"以及喜宴时第一道上的菜就是肉皮，肉皮因是泡发物，有发财之寓意。一上桌来就会被争抢一空，孩子们总是意犹未尽地舔着嘴唇。这看似废弃的食材却做出了吸引人的食物味道。

经稀卤制作的肉皮鲜美醇香，因其蛋白质含量较多，有养颜之效，爱美者争相食用。

长街美食

【制作食材】

主料：油发猪肉皮

辅料：肉末 香菇末 冬笋末 熟火腿末 葱花 芹菜等

调料：盐 味精 油

【制作方法】

1. 将油发猪肉皮用冷水浸软，再加食用碱面将油脂抓洗干净。

2. 再放入沸水中稍煮 3 分钟，捞出沥水，晾凉后用刀切成 4 厘米长、2 厘米宽块状，再用冷水抓洗数次，放冷水中浸泡 3 小时，直至肉皮松胀、发白，捞起沥干水分。

3. 锅入油加热，加入肉末、香菇末、冬笋末炒香加水烧开调味。

4. 加入肉皮，煮 3—5 分钟勾芡，出锅装盘。

5. 撒上熟火腿末、葱花即可。

家烧黄眼鲻鱼

在路桥金清，淡水与海水交汇的地方，盛产鲻鱼。鲻鱼分为三个品种，即三鲮、乌鲻、黄眼。金清的鲻鱼就是黄眼睛，是鲻鱼中最名贵的一种，也是口味最鲜嫩的一种。

鲻鱼体较长，前部近圆筒形，后部侧扁，体长为体高的 4.1 至 4.8 倍，为头长的 3.8 至 4.1 倍。头中等大小，两侧略隆起，背视宽扁，吻宽短。由于体形细长，呈棒槌形，沿海渔民又称"槌鱼"。鲻鱼以铲食泥表的周丛生物为生，饵料有硅藻、腐殖质、多毛类和摇蚊幼虫等，也食小虾和小型软体动物。因此，鲻鱼肉细嫩，味鲜美。

3000 年前，鲻鱼已成为王公贵族的高级食品之一。鲻鱼还有鲋舅之称，言其味若鲋鱼。 民间也有"二月桃花鲻"的说法，意思农历二月桃花盛开是鲻鱼最肥美的季节。另有鲻鱼故事跟秦桧有关，秦桧当年是皇帝面前的大红人，有一次皇帝为了表达对他的器重，邀请他的妻子到后宫太后那吃便饭。在饭桌上太后指着桌上的鲻鱼突然说了一句：自从南渡以后，

家烧黄眼鲻鱼

很少吃到这么美味的鱼了。可见鲻鱼自从宋王朝南逃之后就很难在桌子上见到，一般都是地方给南宋王朝进贡的礼品。没想到秦桧的夫人竟然接过太后的话茬说："这小事，我们家很多，太后要是喜欢，我回去给你多带几条进宫。"当时太后只是笑了笑，秦桧的夫人还以为自己拍对马屁，回家兴高采烈地给秦桧说了此事。秦桧听罢，背后直冒冷汗，对着夫人一顿劈头盖脸痛骂。其实这事还真的不小，要处理不好可要人头落地，问题是偌大的皇宫都没有的鱼，为何秦桧家里有？这意味着秦桧过得比皇帝太后的生活还好，只有一种可能，那就是进贡给皇帝的物品被秦桧扣下。秦桧思前想后，最终忐忑着让手下在街市买足一百条草鱼，让自己的夫人送至宫中，还要坚称这就是自己所说的鲻鱼。太后看秦桧夫人呈上来的是一些烂鱼，而且还不是鲻鱼，心里不但没有不高兴，反而笑着说道："我以为秦家过得当真比我们还要好，原来是秦桧夫人认错鱼了。"

故事已随岁月陈旧，可鲻鱼的美味在岁月里有增无减。今日的鲻鱼烧法众多，可以红烧、家烧。用肥膘熬油，油温升高后加生姜爆香，放入鲻鱼，冲入沸水，刹那间汤汁浓稠、发白，配以年糕更好吃。真叫一个"金清鲻鱼鲜"！

在路桥一带，当地人订婚送礼习俗中要有鲻鱼，寓意讨个彩头，表示有子有孙。鲻鱼肉性平、味甘咸，具有补虚弱、健脾胃的作用，对于消化不良、小儿疳积、贫血等病症有一定辅助疗效。

【制作食材】

主料：金清黄眼鲻鱼

辅料：生姜　蒜瓣　小葱　　辣椒　大蒜苗

调料：猪油　精盐　白糖　味精　黄酒

【制作方法】

1. 鲻鱼洗净切件备用。

2. 锅入猪油，入蒜瓣、生姜炒香，下入鲻鱼，略煎淋入少许黄酒，倒入开水，大火烧开，中火烧5分钟左右。

3. 出锅时，挑去多余辅料，放入大蒜苗，加适量味精即可。

红糖黄酒乌鱼汤

在农耕时代，都是由人力从事农活，路桥乡村也是如此。干农活可是个辛苦活，"谁知盘中餐，粒粒皆辛苦"便是真实写照，时间久了经常会遭遇到痛风的痛苦。智慧的路桥人总结出解决痛风的偏方，其中食用黄酒乌鱼汤治痛风就是一种最好的食疗方法，此方在当地广为传播。乌鱼也叫黑鱼，是乌鳢的俗称，它生性凶猛，繁殖力强，胃口奇大，常能吃掉某个湖泊或池塘里的其他所有鱼类，甚至不放过自己的幼鱼。黑鱼还能在陆地上滑行，迁移到其他水域寻找食物，可以离水生活三天之久。常见乡村垂钓爱好者钓到又大又黑的乌鱼，哼着小调晃荡在乡间小道，踏上回家的路。

乌鱼的蛋白质包含人体所需的各类氨基酸，并且含少许脂肪与人体不可少的磷、钙、铁、硒与多种维他命，并且胆固醇含量低。因此，乌鱼是种营养价值很高的保健食物。农家有食用乌鱼增加营养、加速康复之效的习俗。再加上其肉质嫩、易消化、骨刺少，很适合于老人、儿童和体质虚弱的人食用。

【制作食材】

主料：乌鱼

辅料：生姜片

调料：陈年黄酒　土制红糖

【制作方法】

1. 准备乌鱼一条，重量不少于 1000 克。

2. 在不破肚的情况下放入砂锅内，并倒入陈年黄酒，淹没过鱼的眼睛，为防止鱼跳出，盖上锅盖让鱼"喝酒"10—15 分钟。

3. 待鱼不动后放入红糖、生姜片，盖上锅盖，煮至四五成熟后取出鱼，去内脏、鱼皮、鱼骨。

4. 将鱼肉放入砂锅内，酌情加水或者黄酒，用大火烧滚后小火慢炖 1—1.5 小时左右即可。

长街美食

传统滋补家鸡

过去路桥农村，散养家鸡比较常见。家鸡吃秕谷、稗草、昆虫等，朝饮晨露暮餐菊。放养的鸡群散步觅食，常常追逐，相当于运动，所以家鸡长得健壮、肉质肥美。特别秋后或入冬时节，是家鸡最壮实的时候，农村会在这时宰杀家鸡，为家里的劳力（男人）进补。

古代汉族有"杀鸡"的岁时风俗，流行浙江一带。每年七月初七，当地民间必杀雄鸡，因为当夜牛郎、织女鹊桥相会，若无雄鸡报晓，便能永不分开。土家族称踢毽子为"踢鸡"。春节时，男女青年一起踢"鸡"，一人将"鸡"踢起，众人都去争接，接到"鸡"的人，就可以用草去追打任何人，而男女青年往往用草追打自己的意中人，慢慢地"踢鸡"就成了谈情说爱的媒介。旧时汉族和一些少数民族流行饮鸡血酒的交际风俗。在结拜兄弟时，为了表示亲如手足，有福同享，有难同当，人们宰一只雄鸡，在每碗酒里滴几滴鸡血，对天发誓，然后将血酒一饮而尽。

传说古代有一个妇人在家种田养禽，勤苦贤惠。丈夫在外做生意，一年难得回家一次。妇人见丈夫回家心中欣喜，就把家养多年的鸡宰杀，供丈夫享用，不想丈夫食用鸡后，不久便亡故。夫家人将妇人告至县府，县府验尸发现中毒身亡，判处妇人下毒杀夫结案，将其押入牢房等待处决。某日县令与同窗好友下棋，县令下了一招妙棋，好友顿时大为鼓掌，连呼："妙啊妙啊，你这招比十年鸡头还要毒！"县令忽然想到妇人之案，急忙起身回县府审案，至此案情大白。

鸡文化均在我国源远流长，内涵丰富多彩。鸡更深受路桥人的喜爱，祭祖、贺岁、过年、过节、婚庆都要用到鸡，无论是怎样的形式，都离不开鸡的身影。路桥人传统的做法是将家鸡放入砂锅与瓦罐，配以姜汁、红糖、大蒜、香菇、党参等佐料，慢火炖制半日，喷香的一罐鸡汤就可以喝了。一上桌，孩子们就馋得直舀汤。

在过去，一年也就这么几次能吃到家鸡，所以路桥十里长街飘出鸡汤浓香的日子也显得特别珍贵。但民间故事告诉我们，年久鸡头万万不能吃，感冒了亦不宜食用鸡肉，容易使感冒拖沓。

【制作食材】

主料：家鸡1只 猪骨少许

辅料：干香菇 老姜干 黄花菜干（少许）

调料：精盐 黄酒

【制作方法】

1. 将干香菇、老姜干、黄花菜干浸泡半小时。

2. 土鸡、猪骨等主辅料洗净放入砂锅或瓦罐。

3. 放入适量精盐、黄酒、加入纯净水。

4. 放在炭火上，小火慢炖3—4小时即可。

白灼望潮

望潮学名短蛸，是浙江一带著名的海特产。望潮名字为何极具诗意，是因为每到潮汛来时，雄望潮会上下摇动触手，望潮起舞，渔民可因此判断潮水的涨落。望潮虽然归类为小型章鱼，但它的个头很小，只有鸡蛋或者鸽子蛋那么大（也有越小越贵的说法）。

望潮肉质脆嫩弹牙，是东海渔民最拿得出手的看家菜。路桥

白灼望潮

黄礁岛一带盛产望潮，被称为大补品。不过内地人初到海边，看见慢慢蠕动的望潮，大多望而却步，更不用说把它当作一种美味来享受。

传说大海里的鱼虾长相千姿百态，独有望潮跟大章鱼长得像，它俩要是游在一起，就连海龙王也认不出谁是谁。但它们的性情却迥异，章鱼性子好，本领强，

长街美食

海涂有了它，恶鱼不敢轻易来侵扰，邻近的鱼虾螺贝都很尊重它；望潮呢，又懒又馋，大家都厌恶它。章鱼常劝它改改脾气学好样，望潮根本听不进去。

一次，章鱼外出，要好长一段时间才能回来。望潮就想趁机捞一把。望潮找到缢蛏洞，"我是章鱼，向你要几颗卵，填填肚！"缢蛏探出头一看真是章鱼。缢蛏虽然舍不得自己的卵，可又不敢得罪章鱼，只得忍痛交出卵。望潮见这一招挺灵，胆子更大了，又到弹涂鱼、花蛤、泥螺那里吓唬一阵，骗到不少东西。此事被回来后的章鱼知道了，章鱼对望潮借它名誉招摇撞骗万分气愤，决定惩罚它，就把望潮紧紧捆住，伸出尖嘴"咔嚓咔嚓"，才几下就把望潮的八足咬断，留下个光溜溜的身子。海涂水族见冒名行骗的坏蛋受到了惩罚，齐声叫好。过了些日子，望潮的八足慢慢长出来了，章鱼又去咬断它。望潮经章鱼这么几次咬，个子再也不大了，比章鱼小多了。海涂的水族这才真正把它们分辨清楚。

直到现在，人们到海涂上，常能拣到只有光溜溜身子的望潮。也由于它们长得几乎一样，人们就把望潮编入小章鱼的行列。

望潮的烹饪通常有3种方法，最常见的要属红烧、白灼和炒制。其中红烧也就是《舌尖上的中国》中的做法，但是对于会吃的十里长街人来讲，最能体现望潮原始鲜美的还是白灼。白灼望潮只需要将活望潮过沸水之后，来点米醋或者生抽，就鲜美得不得了。因此，白灼望潮蘸着米醋，才最知海味。

【制作食材】

主料：活望潮

辅料：蒜末　生姜　小葱

调料：黄酒　醋　生抽

【制作方法】

1. 将望潮的内脏都清除，然后用盐清洗干净。

2. 生姜切丝，蒜剁成末，小葱切碎。

3. 锅入水，烧开后，加入姜丝、黄酒，将望潮放入烫5秒左右捞出。

4. 将望潮捞出，装盘时再重新倒入开水。

5. 配醋、生抽、蒜末、葱末调为蘸料。

盐水茭白

　　路桥人杰地灵，土地肥沃，物产丰富，有着"千年商埠"之称，亦有"鱼米之乡"之誉。松塘村是路北街道"东大门"，地理位置优越，交通非常便利。在 20 世纪，这里水域面积大，水系发达，水源充足，土层深厚松软，富含有机质，保水保肥。聪慧的松塘人便因地制宜，种起了茭白。他们注重生长环境和病虫害防治，掌握水土条件与日照时间，使松塘茭白甜嫩可口。听老人夸道："松塘茭手，杜娘脚肚"（路桥方言：意思是松塘的茭白堪比姑娘的大腿这般嫩白）就知其鲜美程度。

　　一到茭白上市季节，松塘人就会赶集售卖茭白。"路桥三八市"说的是路桥每逢阴历三或八，周边人们便成群前来赶集，一溜长长的卖茭白队伍。有些卖茭白的将茭白尾端长长的秆斩掉，留与茭白肉一样长的长度，放在蛇皮袋里浸水一夜，不仅能增加其重量，还能使色泽变白，卖相好看。浸水后的茭白放在鼻翼下细闻，有一股水味，失去茭白原有的清香。但松塘人卖茭白从来都是一大早从田里掰来，不下水，把长

盐水茭白

长的茭白秆留着，卷成一个可以挑的圆结，这样挑着就到长街上售卖开来。买茭白者指定要哪一个，售卖者就宰下那个长长的秆，再剥好外皮过秤。长街人也能从外形辨别茭白的质量，凡松塘的茭白价格比其他茭白贵一些，大家也能接受。经盐水清煮的茭白，口感鲜嫩爽脆，原汁原味，十分鲜甜。

茭白具有滋养皮肤、利尿消肿的作用，还可以促进消化吸收、解除酒醉。茭白性凉，味是甘的，中医认为，茭白可以清热解毒，除烦渴，通便宽肠。茭白中的膳食纤维，可以促进肠胃的蠕动，促进机体的消化吸收。

长街美食

【制作食材】

主料：茭白

调料：盐（自制调味蘸汁）酱油 醋

【制作方法】

1. 茭白洗净，改刀备用。

2. 锅入清水，放入茭白，放入适量盐打好底味，煮熟，上菜时配上自制酱油蘸汁即可。

红烧海杂鱼

路桥金清靠海，海岸线绵延 26 公里，除了有波澜壮阔的海域风光，还有捕捞不尽的海鲜。如此，金清海边的人们也有了"靠海吃海"的作业方式。每每渔民出海捕捞回来，节俭的渔民把好鱼鲜鱼先卖掉，剩下的小鱼小虾扔掉可惜，就自己一锅炖。不想这样一做，味道还挺好，于是红烧海杂鱼雏形就出来了。

路桥十里长街与金清仅 30 公里，鲜活的海鲜源源不断地输送到这里，也把海边人的饮食方式传递到这里。繁忙了一天的十里长街生意人，结束当日的经营，店铺打烊，匆匆去菜场。看到红头虾挺鲜，买一点。看到龙头鱼还是透明的，再来两条；转到小黄鱼的摊点，这个可是丈夫爱吃的，来几条；带鱼可是自己爱吃的；鲳鱼呢，孩子老人要吃没刺的，那么全都买来吧，好犒劳忙碌一日的家人。由于天已黑，做晚饭又占据很长的时间，他们就把金清海边人的一锅炖用上了。这样既缩短了做菜的时间，又能一次性饱尝海味，真是个不错的组合。

如今，人民生活水平不断提高，海鲜楼里最常见

长街美食

的就是红烧海杂鱼；也有演变的从螺三拼、海鲜大拼盘到全海鲜宴，满足大家一次性吃全海鲜的需求。一方面显示路桥人慷慨、豪放的性格，另一方面极大地满足了内陆人的吃鲜心理。一边吃着海鲜，脑中浮想着海明威的《老人与海》中的各种险境，真是意味无穷。

红烧海杂鱼

【制作食材】

主料：带鱼 小黄鱼 红头虾 鲳鱼 龙头鱼等

辅料：芹菜或小葱 干辣椒 生姜 蒜瓣

调料：食用油 盐 白糖 黄酒

【制作方法】

1. 将海杂鱼去内脏后洗净，抹一点点盐静置 10 分钟。

2. 锅烧热倒入食用油，至油温九成时，将海杂鱼一次性快速放入锅内，如鱼新鲜不用翻面，不是很鲜就翻一下。

3. 煎 3 分钟加入生姜、蒜瓣、干辣椒等，再倒入黄酒、白糖、盐提味，加入开水煮 3 分钟。

4. 出锅前撒一把芹菜或一把香葱即可。

长街美食

沙鳗干

　　路桥紧靠东海，美味的海鲜不计其数，沙鳗鱼晒干自然是不可缺少的美味佳肴。

　　渔民发现沙鳗风干食用比鲜吃更有味道。经清洗处理、切割、晒干而成的鳗鱼干类制品，有着比鲜鳗鱼更加醇厚的鳗香味，往往是内陆人家上街置办年货的首选。鳗鱼干含有丰富的钙、磷、铁元素等，适用于久病羸弱、五脏虚损、贫血、夜盲症、肺结核、妇

沙鳗干

女崩溃带下、小儿疳积、小儿蛔虫以及痔疮和脱肛病人食用。不过患有慢性疾患和水产品过敏史的人、病后脾肾虚弱、咳嗽痰多及脾虚泄泻者忌食。

每当入冬或年关将近，北风哗啦啦刮起时，漫步冬日的老街，抬头就会看到悬挂屋檐下的沙鳗干，与香肠、黄鱼鲞一同在风中摇曳。按长辈们的经验，挑选鳗鱼以选鱼体藏青色、鱼身光滑、肉质坚实、尾端脊肉完整没有损伤、肉质白净的为好。鳗鱼排泄孔附近的肉，有发黑或烂出洞，则不新鲜。制作沙鳗干，按以上要求先选好沙鳗，用温盐水将沙鳗身上的黏液洗净，剖开掏去内脏后仍用盐水洗，并用盐水浸泡 5 — 6 小时取出，沥干，平置于砧板上。用一块长方形的木板，一头钉着一颗钉子，钉子用来定位，一手握住鱼身，一手持剖鱼刀由尾部起沿着脊骨的上面贯通腹腔一直切到头部。再翻过头来，将头骨剖开，剥除鳃片，清除脊骨内侧的凝血及腹内黑衣黏膜，只要三刀，一根鳗鱼干的雏形已经出现。脊背肉厚，下刀时要用力切割，使切口的肉面平整光滑，以保持品相的完美，刀工不对还会影响风干后的质量，最终影响口感。用筷子沿鳗腹剖开处一一撑开，悬于通风处干燥即可。晒沙鳗干天气很重要，自然风干的沙鳗干，外观色泽好，风味独具，也不易泛黄变质。识货的路桥人选择风干的大多是沙鳗，晒干后的沙鳗干肉质紧密，洁净有光泽，食用方便，含水量少，可以避免微生物的污染，适合长期储存。

沙鳗干可做的菜品很多，除了清蒸沙鳗干外，还可红烧、煎烤、盐焗等，同时还可以做鳗鲞豆面、鳗干炒芹菜、鳗鱼干滚豆腐、烤鳗鱼干等，真是好一个浪"鳗"世界。

长街美食

【制作食材】

主料：沙鳗干

辅料：芹菜或小葱　干辣椒

调料：生姜　蒜瓣　食用油　生抽　盐　白糖　黄酒

【制作方法】

1. 鳗鱼干泡软，时间根据自己喜欢的软硬度决定。

2. 把泡好的鳗鱼干用热碱水洗净，控干。

3. 热锅倒油，加糖烧化，放泡好的鳗鱼干。

4. 上色均匀后，加料酒、生姜、蒜瓣、生抽，少加一些水（漫过鱼）焖一会，收汁即可。

一捧雪

　　柳宗元诗《江雪》曰:"孤舟蓑笠翁,独钓寒江雪。"假如钓来一捧雪放在你的面前, 是否很浪漫又好奇心十足。

　　据民间传说, 南宋赵构皇帝在金兵入侵时逃难曾到台州。他的后宫把收集来的金蛋饼、橘饼、时令水果等混在一起烧, 烧好的水果垫底, 上盖打发的鸡蛋清, 再浇一层芡汁, 顿时, 鸡蛋清似雪油亮。上面再撒上一些凤仙花瓣或其他花朵碎, 一道口味甜美、美容养颜又独具观赏的菜品就出来了。

　　后经当地官家女眷之间传艺, 流落民间, 才在街坊流传开来。混搭与碰撞, 类似革新与独创。使"一捧雪"独具小资气质, 艺术感与美味等身, 这道菜可以在慢酒吧与茶室推广。设想:点一杯"一捧雪",翻开一本旧书, 在音乐声中消磨一个下午, 享受慢时光, 又何尝不是一份惬意。

长街美食

一捧雪

胡弦[1]

皇帝心里苦，
所以盘子里要铺些水果。
皇帝心境灰暗，
所以菜要做得白白的，像雪一样。
北方的雪，落难的雪，苦雪，
落到盘子里，吃着吃着，有点甜。
所以，南宋实从一道菜肴始：
下箸换了心境，停箸换了人间。
其后，天下事只是半件事，
如烹小鲜。

[1]胡弦：诗人、散文家，著有诗集《阵雨》《沙漏》《空楼梯》、散文集《永远无法返乡的人》《蔬菜江湖》等。曾获诗刊社"新世纪十佳青年诗人"称号，《诗刊》《星星》《作品》《芳草》等杂志年度诗歌奖，花地文学榜年度诗歌奖金奖，柔刚诗歌奖，十月文学奖，鲁迅文学奖等。现居南京，江苏作协副主席，中国诗歌学会副会长，《扬子江诗刊》主编。

一捧雪

【制作食材】

主料：鸡蛋清 水果块 果脯蜜饯等

调料：冰糖 水淀粉

【制作方法】

1. 鸡蛋清用打蛋器打成雪花状备用。

2. 锅入适量水烧开，放入水果块，加入冰糖。

3. 用水淀粉勾芡，装盘时锅内留适量芡汁。

4. 将打好的蛋清雪花放在汤汁上，再淋上剩余芡汁，撒上果脯蜜饯碎即可。

菜脯扣肉

传说，明朝时期，路桥一带倭寇猖獗，一个叫朱灏的将领，是戚继光部下，在台州路桥一带抗倭。他在当地征集青壮年，进行艰苦训练，其中有十八位表现突出、英勇善战的义士。朱灏带领部下与倭寇多次拼搏厮杀，消灭了大量倭寇，立下了汗马功劳。

村民们很感激，用酱料香料将煮熟宴请将将士们，士兵见猪肉外表又肥又油不敢动筷，朱灏灵机一动：要杀敌立功、强身健体就要大口吃敌寇的肉。于是"寇肉"的说法就慢慢流传至今，名称也慢慢从谐音

菜脯扣肉

"寇肉"成为"扣肉"。

后来，朱灏带领十八义士与倭寇进行了一次生死搏斗。最终由于兵力悬殊，朱灏战死在路桥得胜桥头，以身殉国。十八义士继续奋勇杀敌，但倭寇实力太强，十八义士退至路桥松塘一带，先后壮烈牺牲。人们为了纪念抗倭将士，每逢将士们忌日就做菜脯扣肉，意寓不要忘记抗倭事迹。

延续下来的菜脯扣肉，将自家晒的菜脯垫在碗底，把肉扣在梅干菜上，这样处理扣肉肥而不腻，更受现代人的喜爱。

长街美食

【制作食材】

主料：五花肉 梅脯干

调料：盐 白糖 味精 酱油

【制作方法】

1. 五花肉洗净，烫定型，切大块，酱油上色，油炸至皮起泡。

2. 将肉卤制，八九成熟后晾凉切大片，依次摆在碗底。

3. 菜脯泡好洗净，放在摆好的五花肉上。

4. 调味，上笼蒸至酥烂，出笼。

5. 扣回到盘子，淋上汤汁即可。

猪头肉

宋代的《仇池笔记》中曾记录一个故事，王中令平定巴蜀之后，甚感腹饥，于是闯入一乡村小庙，却遇上了一个喝得醉醺醺的和尚。王中令大怒，欲斩之。哪知和尚全无惧色，王中令很奇怪，转而向他讨食。不多时和尚献上了一盘"蒸猪头"并为此赋诗曰："嘴长毛，短浅含膘，久同山中食药苗。蒸时已将蕉叶裹，熟时兼用杏浆浇。红鲜雅称金盘汀，熟软真堪玉箸挑。若把膻根来比并，膻根自合吃藤条。"王中令吃着美馔蒸猪头，听着风趣别致的"猪头诗"甚是高兴，于是封那和尚为"紫衣法师"。俗语还称："哪有提着猪头找不着庙门的？"这其中道理更是不言而喻。人若怀才不遇，不必气馁，早晚必会找到能够理解你、而又肯接受你的人。

古人有六畜的说法，指的是马、牛、羊、鸡、犬与猪，因为它们是人类第一批驯养的动物。其中有"六畜猪为首"的观念。猪在其中是非常容易饲养的，简单的养殖将节省大量的时间和精力，且有较高的经济价值，猪在人们心目中自然有很高的地位。路桥人也

长街美食

特别喜欢猪，在祭祀、婚宴、节庆等都要一早上去菜场选品相好的猪头供奉。猪的头和尾经常作为整头猪来使用，意思是"有头有尾"。

扣肉、猪头肉

胡弦

将军炖猪肉，老僧蒸猪头。

烹饪之道，世内世外殊异。

猪肉名寇肉，倭寇之肉也，

猪头则熟软，蕉叶裹，杏浆浇。

将军咬牙切齿，老僧气定神闲，

如今，两者皆美，

一边，寇肉已改名扣肉，

另一边，提着猪头找不到庙门。

【制作食材】

主料：猪头肉

调料：香菜叶 酱油 醋 老姜末 大蒜末 新鲜辣椒末 花椒粉 葱花 辣椒 油 鸡精 白糖等拌成蘸料

【制作方法】

1. 猪头洗净后在清水中漂上1小时，冲洗一遍，放入锅中用清水煮熟，可放入两块拍烂的老姜，入味。

2. 将煮好的猪头肉捞出冷却，切成块，装盘。

3. 配上蘸料即可。

长街美食

墨鱼干炖排骨

墨鱼亦称墨斗鱼，路桥民间也称乌贼。

关于乌贼的由来，有点意思。相传以前有一个人借钱后用墨鱼的墨汁写下借条，当时看着字迹非常鲜亮、清楚。过了几年，这个人仍没有还钱，于是债主拿出借条想去要债，但是借条上的文字已经完全褪色，债主也要不到钱了。于是人们便开始叫这种动物"乌贼"。渔家人特别喜欢尝试，将墨鱼连汁吃，吃过后牙齿舌头都是黑的，这种怪诞的行为有着万圣节的意味。

相传南宋时，路桥松塘村叶氏始祖叶梦鼎，官至南宋晚期宰相。叶梦鼎为官清廉，为民请命，深受百姓爱戴。因为叶是路桥松塘人，长期在朝中当官，公

务繁忙，极少能回家省亲。"每逢佳节倍思亲"，除了牵挂家中老父母，尤其怀念家乡的味道，特别是喜欢吃墨鱼。过去车马慢，老家的墨鱼运到也发臭了。于是，他的老父亲就把墨鱼晒成墨鱼干寄给儿子。叶梦鼎的厨倌就采用墨鱼干炖新鲜猪排骨，给日理万机的主人进补。当远方的叶梦鼎吃到家乡的墨鱼干时，百感交集，忍不住双目垂泪。

　　于是，叶梦鼎将墨鱼干炖排骨的美味写进信里，寄至老家。这种融合思乡情结与异地食物碰撞的美食，很快就在路桥当地传开，直至今日。

乌贼即墨鱼

胡弦

此处诗人不写诗，
此处，诗人写下的借条，字迹已消失。

此处诗人有点贼，
你要他的锦心绣口，
他让你看他的满口黑牙。

【制作食材】

主料：墨鱼 1 只（约 750 克）排骨 150 克 墨鱼蛋 100 克

辅料：小葱或芹菜 10 克

调料：猪油 姜片 料酒 精盐 味精等

【制作方法】

1. 墨鱼清洗干净切块，排骨切块焯水备用。

2. 锅中加入猪油，下老姜片，排骨墨鱼炒制 1 分钟，下料酒，加入开水，烧至八九成熟。

3. 下墨鱼蛋至熟透，加入小葱或芹菜调味即可。

椒盐跳跳鱼

跳跳鱼，又名弹涂鱼，在台州叫"弹糊"（音），为暖温性近岸小型鱼类，喜穴居于咸淡水交汇处，该地域为底质淤泥、泥沙的滩涂。在三门的滩涂有大量养殖跳跳鱼，路桥黄琅沿海一带也有野生的少量跳跳鱼。其肉质细嫩鲜美，营养丰富，有"海上人参"之称，胜过很多名贵海产，对术后的病人及产后妇女更有滋补功效。

长街美食

在台州,"弹糊抖刺待客"的故事广为传颂。传说当地有户曹氏人家建房上梁,主人请来的木匠师傅是内地人,因内地人从未吃过弹糊,弹糊多刺,曹氏怕其吃时被刺卡住,特剔除鱼刺红烧。木匠师傅看到该菜肴后,认为主人用剩菜招待他,对他不尊敬,甚是生气,在上梁时做了点手脚便告辞而去。从此,曹氏人家便灾祸不断家道败落,但始终找不着原因。数年后,木匠师傅再次到此地做工,听闻曹氏人家家道中落及建房时待客之道。木匠师傅感到非常羞愧,就主动上门向曹氏人家请罪,并专门选好吉时上梁校正,使得曹氏人家霉运全去吉运来。

经过油炸后的跳跳鱼,没有了腥味,特别酥香、鲜脆,配上陈年花雕一杯,加上"弹糊抖刺待客"的故事,真是酒＋故事＋味觉。这除了让坐在食物链顶端的人们,有着无与伦比的口福,同时又展现出台州人待客友好的厚道一面。

【制作食材】

主料：跳跳鱼

调料：面粉 八角粉 椒盐 白胡椒粉 葱 姜

调料：菜籽油 精盐 味精 黄酒

【制作方法】

1. 备好所用材料，面粉加八角粉，姜末，加适量清水拌面糊状。

2. 先热锅，加油再热油，将跳跳鱼洗净下入面糊中，微腌制一下再下锅炸。

3. 炸至外面酥黄后出锅放凉，再进行第二次油炸。

4. 将炸好的跳跳鱼出锅，撒上葱花，最后再淋一下热油，沥好油后再撒适量椒盐即可。

长街美食

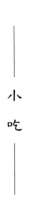

小吃

酒酿汤圆

　　20世纪五十年代路桥有个注册的资深酒厂，位于龙头王村，主要生产黄酒、白酒等酒类，可谓家喻户晓。酒厂外的一堵由酒缸砌成的老旧围墙，是路桥人对一个时代酒文化的集体记忆。以往经过此地，便闻到酒之醇香，引人迷醉遐思。

　　民国期间，十里长街开有多间酒坊，老街上酒香四溢。这与路桥人爱喝酒、爱做酒有关，认为喝酒才是豪爽性格；也跟路桥的商业义利观密不可分，做生意若是不豪爽，怎能把生意做好做长。路桥人本着对酒的理解延伸进商业，从宋时老街的"廿五间"增至现在的61个专业市场，路桥人就是这样在豪爽中立业、创业、守业。

酒酿汤圆

路桥人除了对商业帝国的努力缔造外，对美食同样不懈追求。一些在酒厂上班的工人把制酒工艺带出厂外，先是带到家中，然后扩散到街坊与乡邻之中，衍生的自制酒酿也跟随着应运而生。大多路桥人喜喝酒，白天还要工作，一大早喝酒可不行，于是吃碗酒酿吧。一碗酒酿似乎不够饱，聪明的路桥人就在酒酿里加入小汤圆，打一个鸡蛋花，再撒上一把去年亲手采摘的桂花干。手工制作的酒酿醇香浓郁，加上小汤圆的甜糯、桂香的清香……既美味又饱腹的早餐提神醒脑。在十里长街，食用酒酿汤圆跟食用绿豆面碎、面结粉丝一样，成了一种早餐文化，半个月没食用酒酿汤圆，就会特别想念。

　　随着时代的变迁，路桥酒厂已经不复存在，但人们早上食用酒酿汤圆的习惯保留了下来。每每在老街中看到酒酿汤圆，珍藏在路桥人记忆中的一抹酒香再次浮现。

　　温馨提示，现在早上若是吃了酒酿汤圆，是不能开车的，还是乘个公交或徒步，既环保又锻炼身体。

【制作食材】

主辅料：酒酿 小汤圆 鸡蛋

调味：糖 枸杞 桂花

【制作方法】

1. 锅里倒入清水烧开，放入汤圆煮至浮起。

2. 放入红糖。

3. 倒入酒酿（酒酿一定要后放，煮开即可，煮太长时间会发酸，影响味道）。

4. 再放入洗净的枸杞煮开，出锅前撒点桂花即可。

梅花糕

梅花糕

传说在路桥十里长街乔家里，有一户经商多年的乔姓人家，祖上经营大米生意，生意做得很大，富甲一方。夫妻俩特别喜欢女儿，已经生养了四个女儿，分别取名为春花、兰花、荷花、茶花。夫妻俩看着这四个女儿眉开眼笑，打算再生一个女儿，凑成五朵金花。跟他有生意来往的商人总不忘提醒他，再生一个儿子吧。他却笑着答道：我喜欢女儿，女儿像小棉袄一样，我有这样多的棉袄，温暖着呢。再说第二年，妻子再次怀孕，临盆时正好时值盛夏，但妻子却梦见自家房前屋后开满了粉白色的梅花，自己竟不知不觉迷失在这梅园里。妻子醒来将梦境之事告知了丈夫，丈夫听

长街美食

了说：若是得女，就取名梅花。谁料产下的就是女儿，夫妻俩便把梅花当宝贝养着，梅花更在父母的呵护与姐姐的陪伴中快乐成长。

梅花长到 13 岁左右，聪慧过人，女红、书画，样样精通，领先于常人。父母经营的米店，自然少不了梅花的身影，看大米、面粉、小麦一袋袋进进出出，梅花常常陷入遐想。不料有一天，她家的面粉还在运输的路上，天下起雨来，运货的帮工没带篷布，面粉自然湿了。看着一车湿了的面粉，父亲唉声叹气，一时想不出什么好办法抢救。只见梅花绕湿面粉一周，大眼睛一转，计上心来，说：何不做成糕点卖？如果卖不掉就分给乡邻，这样总比霉掉强多了。父亲觉得梅花说得在理，于是就让帮工们做起糕点来。梅花再次灵机一动道：何不做成梅花状的糕点？一来应了自己名字的景，二来小孩子对有形状的糕点比较有食欲。于是父亲找来当地有名木匠，制作出一个个梅花的模型。这样梅花糕就做好了，一车面粉不但没有损失，还比原来多收入了五成，路桥人就是有这样的生意头脑。以前劝他生个儿子的商人知晓此事后，忍不住感慨"好女不输男"。

于是父母索性帮 13 岁的梅花开了一家梅花糕店，在十里长街上售卖，大人小孩闻到梅花糕香味必买几个解馋。渐渐地，梅花也接手父母的生意，把米店经营得有声有色，梅花糕更是在梅花的手上远销千家万户，并延续至今。

不过今日的梅花糕在过去传统的制作方法上，更加方便，采用紫铜模具，添加的食材更是符合现代人的口味。在十里长街，你可以买到喷香甜糯的梅花糕。

【制作食材】

主料：面粉 鸡蛋

辅料：红枣 芝麻馅 枸杞 桂花干 葡萄干 核桃瓣

调味：猪板油丁 糖 食碱

【制作方法】

1. 面粉（1 公斤）放入桶内,加同量温水（夏季可用冷水,春、秋酌情处理）,搅拌均匀,静置 5—6 小时,再加入面粉（1 公斤）和温水（1.5 公斤）,再在面粉里打入两个鸡蛋,用劲搅拌至面浆均匀,有黏性无疙瘩,将食碱溶化后倒入桶内拌匀,灌入铜壶内待用。

2. 将豆油倒入梅花状模具,加清水（50）克调成水油。

3. 把模具连同铁盖放炉上用中火烧烫,用刷子蘸水油将模具孔快速涂抹一遍,取铜壶将面浆依次注入模孔（注意,仅灌半孔）,随即将模具举起,缓缓转动,使面浆均匀粘在孔壁,然后放在炉上,用竹片把面浆刮向孔的四壁。

4. 在每孔内加入芝麻馅（30 克）、核桃瓣、猪板油（5 克）,再取白砂糖（50 克）均匀撒在各孔内。

5. 用面浆将孔填满。

6. 撒上红枣、枸杞、葡萄干、桂花干加盖约烧 2 分钟即可。

梅干菜饼

　　传说在路桥十里长街大亨里古民居，有一个母亲独自带着两个儿子，大儿子乖巧懂事，小儿子活泼调皮。母亲由于独自抚养两个儿子，日子常常捉襟见肘，没有什么好衣服给儿子们穿，也没有什么好食物给儿子们吃。小儿子因为爱玩儿，母亲就把他安置在姐姐家，因为姐姐家在乡下，生活相对比较丰富些，留下大儿子在身边。大儿子除了母亲交给他一盒火柴做加减，常常一个人坐在门槛上发呆。隔壁住着一户有钱人，经常吃着大鱼大肉，偶然还晃到他面前吃一个大苹果，大儿子闻着苹果香只能咽口水，心想要是能吃上一口多好。母亲却只能买来面粉做成面糊充饥，大儿子根本不爱吃。看着需要长身体却日渐消瘦的儿子，母亲很难过。有一天，她试着把面粉做成团，把家里仅有的梅干菜放进去，放在火里烤，可大儿子还是不吃。他说以前做过一个梦，在梦里，海蜈蚣成千上万地尾随他跑到陆地上，最后他挥动着木棍把海蜈蚣全都打死了，这些死掉的海蜈蚣流着血，待血干涸后变成了梅干菜，所以大儿子坚持认为母亲用的梅干

梅干菜饼

菜是海蜈蚣变的，怎么劝也不吃。母亲听了大儿子的诉说，就带大儿子来到一块菜地，指着芥菜说，这就是梅干菜的原料，然后母亲就向农人买了几根芥菜，让大儿子提着回家。回家后让大儿子切晒制作梅干菜，最后做梅干菜饼也让大儿子亲手参与，大儿子把梅干菜剁得很细很细。母亲那一次破天荒买了一点鲜肉包进去，又经过文火细工慢烤，做出来的梅干菜饼外脆内香。大儿子就爱上了吃梅干菜饼，母亲也经常做给他吃。母亲于是有了想法，在十里长街卖起了梅干菜饼，这样既可以解决生计问题，又可以让更多人尝到美食。一晃大儿子长大了，他去了很远的地方当兵，接着在外地求学，再后来做了一名私塾老师，十几年过去了，他一回家母亲总是精心做梅干菜饼给他吃，那种美味只有母亲才能做出来。可惜母亲因病早逝，他就再也吃不到梅干菜饼了。于是他就把梅干菜饼的做法写成食谱授于学生们，学生们把梅干菜饼的制作带到天南地北。如今十里长街上仍然可闻见梅干菜饼香，那份亲情与爱意便包含在外脆里香的梅干菜饼中。

据闻，生长于十里长街的杨晨便是钟爱梅干菜饼，常会食之。

长街美食

【制作食材】

主料：面粉 300 克　猪肉 300 克

辅料：梅干菜 50 克　水 175 克　芝麻（少许）

调料：盐　香油　葱　玉米油　生抽　白砂糖

【制作方法】

1. 清洗梅干菜，并将梅干菜剁碎，往里加入白糖、葱、生抽等调料，搅匀备用。

2. 把面粉和水倒入搅拌机或者面包机里，和面约 10 分钟。

3. 和面的过程中，把肉切片后剁碎成馅，搅好之后加一小勺盐。面团和好后在表面扣一层保鲜膜醒面半小时。

4. 将醒好的面分成差不多大小的 9 等份，然后用擀面杖把每一个小面团给擀成薄薄的面皮，尽量薄一点。把面饼放在手上，在面饼的中心位置放一团馅料。

5. 用包包子的手法把面团收口，封口向下，然后继续用擀面杖把面团给擀压平摊。尽量擀薄了之后，就在面饼两侧撒一点芝麻。为了让芝麻较好地粘连在面饼上，再在面饼上涂一点玉米油。

6. 往锅里加入适量的油，油温上升了之后就把面饼滑入锅中。直到梅干菜饼的两侧变得凹凸不平，煎至酥脆金黄即可。

梅干菜

凤凰蛋（十四日）

凤凰蛋又称十四日，是鸡蛋孵化到十四天时的蛋。外形看起来跟鸡蛋无殊，打开内里有变成小鸡形状的，也有正在欲变未变之时的。买一个凤凰蛋，犹如一堂生物课，人们便有了一窥里面到底孵化得如何的心境。另有一些人谈蛋色变，这种有毛的雏鸡，自然不敢吃，在没有自小接受食物的外貌之前，也像海蜈蚣一样令人筷下生畏。

为什么叫凤凰蛋呢，难道鸡的祖先是凤凰？首先凤凰是人们想象的动物，象征着华贵、伟岸、进取、太平，是人们心目中的瑞鸟；凤凰还代表着幸福和吉祥，象征着美满、和谐的爱情。此外，在我国古代，凤凰还是权力的象征，一般出现在各种皇宫建筑、使用器物之上。鸡的外形跟凤凰类似，红色为主调的鲜艳颜色，周身羽毛布满了铭文；它们的习性也相同，有优美、悦耳的歌喉，只吃精美、稀有的食物，栖息在山间特定的树木上，在迁徙时为众鸟所簇拥；它们居住在遥远的、天堂般的国度中，或在神奇岛上。所以，叫孵化十四天的鸡蛋为凤凰蛋，是最合适不过了的。

长街美食

更有传说是乾隆下江南赶到江南一带时仆从失散了，他一个人走得又饿又乏，在道旁一个农家院小憩讨点食物充饥。村妇家贫，遂把鸡窝里已经孵好的生鸡蛋拿出来煮给他吃。想不到，乾隆皇帝越吃越觉美味，并取名"凤凰蛋"。也传说太监常把美味藏起来不让皇帝吃，若是把皇帝口味伺候得太刁钻，接下来就没法伺候了。怪不得皇帝一出门就觉得民间尽是美味，宫廷里的权力相交可见一斑。

到底鸡的祖先是谁，这是一个哲学的问题。请你先来路桥十里长街吃几只凤凰蛋，享受一下乾隆皇帝称赞的美味，也许你会有比较满意的答案。另外凤凰蛋营养成分好，还是治头痛的小偏方，因此，喜欢这一口的人不在少数。

凤凰蛋

【制作食材】

主料：鸡蛋 6—10 个

辅料：生姜 老抽（一小勺）八角 桂皮 香叶 辣椒干（一只）

调料：精盐 鸡精（一小勺）黄酒（50 克）白糖

【制作方法】

1. 鸡蛋放温室孵化 14 天。

2. 洗净鸡蛋放入砂锅，加入八角、桂皮、生姜、精盐等辅调料，水没过鸡蛋。

3. 大火煮开后，再用小火慢慢煮上 2 小时左右即可。（里面汤汁最鲜美，不要倒掉，剥开后吸吮）

长街美食

卷糍

　　卷糍是由江南的糯米制作而成。以往，一到晚稻收割，严冬时节，年前的一段农闲时光，村中就会请来做年糕、糍粑的机车队。这时刻整个村子沸腾了，家家户户淘米、洗米，商量做多少年糕与糍粑，把严寒都掀翻了。

卷糍

　　糍粑在路桥也叫麻糍，一般做成约十斤重的圆饼状。

静置通风处一个星期后，切块浸水，可储存数月，中间需换水几次。一般自己还舍不得吃，凡孩子回家，或亲戚到来，就要做红糖卷糍款待一番。吃时切下一片，在锅里烤到两面微微焦黄，煎至糍粑如一面大鼓般鼓起时，戳个洞，把红糖倒进去。这样从表面看完全没有红糖的痕迹，而内里，红糖与糍粑交融，咬一口，又甜又糯，舌头都要咽下去了，这是古老的一种做法。现在的做法相对简单，糖在外面，卷成春卷状即可。

另外，糯米含有蛋白质、脂肪、维生素等，为温补强壮食品，具有补中益气、健脾养胃、止虚汗之功效，对食欲不佳、腹胀腹泻有一定缓解作用；而红糖可让身体温暖，增加能量，活络气血，加快血液循环；加上芝麻含有多种营养物质，这三种食材结合营养更丰富。在传统红糖麻糍的基础上，新研制出来的卷糍脆中甜糯、香甜可口、老少皆宜，是江浙路桥一带的传统小吃。

长街美食

【制作食材】

主料：糯米粉（或是买一块现成的糍粑）

辅料：红糖　芝麻

调料：猪油（一小勺）

【制作方法】

1. 糯米粉加水，和成面团。

2. 把团子擀平后，下油锅煎至两面金黄色，然后撒上红糖、芝麻。

3. 把撒上料的糍粑卷起来，再切成均匀的大小即可。

米团

米团就是用糯米做成圆团，内里有馅外皮裹着一层米饭的小吃。说起米团，有个流传几千年的爱情故事，说的是路桥大人尖的山坳里住着一户人家，父亲早逝，留下一对相依为命的母子俩过日子。为娘的夜夜在煤油灯下纳鞋底，由于想节省煤油，天暗了也不愿点灯，所以为娘的早早便双目失明。儿子长得一表人才，名叫"团"，靠砍柴卖柴度日，对娘很是孝顺，在街上买到好吃的先送到失明的老娘嘴里，但因穷困无人说媒，难以成亲。龙王的女儿"圆"，常行雨过路桥大人尖，见"团"勤劳善良，心生爱慕，便变成孤寡老人在路上偶遇"团"。

米团

"团"看到老人想起自己的娘，便把当日市集买回的

点心赠予"圆","圆"决心要嫁给他。龙王闻此大怒，将"圆"软禁在龙宫里，但"圆"以绝食抗争，龙王只得找退路，若路桥大人尖的磨盘和石臼头从山上滚下能黏合在一起，就准其成婚。隔日，龙王派土地爷将磨盘和石臼头从山上滚下，霎时，乌云翻滚、雷声阵阵，接着风雨交加。为了不使磨盘滚得太快，龙女收买了虾兵钻入磨心阻止磨盘下滚的速度。而石臼头不会滚，正当"圆"为难时，黄豆精可怜这对情人，动员无数的黄豆作为轮子助其翻滚。待滚到了东海边，龙王惊呆了，石磨已与滚圆的粘满豆粉的石臼头相依在一起，以为是天意，就成全了他们。如此"团"就与"圆"结成了夫妻。"团"与"圆"成婚的当天，为娘的眼睛也好了，真是皆大欢喜。

路桥人为纪念这段历经苦难的姻缘，用上等的糯米粉揉成团，裹上肉末、香菇、茭白丁、白萝卜、虾皮（谐音虾兵）等馅料，放入刻有梅兰竹菊、双喜、和合等喜庆图案的"米团"印里造型，做成磨盘状的美食，上笼屉蒸熟，即成了软糯鲜香的小吃。现在路桥人订婚，女方便做"米团"或"圆"回赠男方，意为"团团圆圆"，也象征着幸福甜蜜的爱情。

【制作食材】

主料：糯米

辅料：猪精肉 香菇 茭白 白萝卜 虾皮（谐音虾兵）等馅料

调料：黄酒 精盐 鸡精

【制作方法】

1. 头天晚上将糯米洗净后，放在阴凉的地方晾干。

2. 晾好的米第二天用擀面杖碎成米粉（如果自己有碎米机会更方便）。

3. 处理好的碎米粉，入蒸锅，大火蒸制15分钟左右（这一步可以根据米的软硬程度来自行控制）。

4. 蒸米的同时准备好肉末、香菇、茭白丁、白萝卜、虾皮等馅料。

5. 依次加入肉末、香菇、茭白丁、虾皮等馅料，炒出香味，盛出放凉。

6. 蒸好米粉，用开水加盐和好。

7. 把米团捏出小丸子后挖一个小洞，放入馅料。

8. 慢慢把口捏拢，滚上一层糯米饭。

9. 上锅蒸15—17分钟即可。热吃满口肉香，冷吃亦饶有风味。

长街美食

山粉糊

山粉糊也叫糟羹，是浙江台州的一道传统小吃，属于浙菜系。该菜品也是台州地区元宵节的应节食品，

山粉糊

更是路桥人元宵的必食点心。山粉糊以米粉、薯粉或藕粉为主料调制而成，分咸、甜两种。路桥人喜欢吃甜羹，在羹里加入豆瓣、花生、汤圆、荸荠、葡萄干等。各地元宵节有吃汤圆的习俗，而台州则是吃山粉糊。每年正月十四路桥十里长街就会有灯会，人来人往熙熙攘攘，猜谜、观花灯，好不热闹。但游过老街之后，人们便会回家美美地吃起山粉糊来，算是过上了最最传统的元宵节。

早在明代，倭寇猖獗，侵犯台州一带尤为狂妄，

路桥地区也深受其害，百姓过着担惊受怕的日子，十分憎恨倭寇。在十里长街福星桥边，有个叫蔡德懋的义士，两次放粮赈济。当猖獗的倭寇从桥西头入侵，他组织青年在东头奋起抵御，终因寡不敌众血染月河。蔡虽然牺牲了，抗倭仍旧进行。抗倭名将戚继光在浙东抗敌的时候，曾经被倭寇追到台州一带，那一天正好是正月十四，当地的农民见戚家军躲在山洞里，衣不蔽体，食不果腹，便纷纷拿来衣物。但当时的农民也很穷，家里根本拿不出好吃的，于是就东家凑一点西家凑一点，都是青菜、萝卜、笋啊什么的。可是光吃蔬菜也吃不饱啊，又凑不出那么多的白米饭来，怎么办好呢？

　　一个聪明的农民就想出一个好办法，把这些蔬菜切碎，再放进粉糊里面一起烧熟，这就成了后来的"糟羹"。没想到士兵们不但吃得很饱，还说味道很好。后来，戚家军渡过了困难时期，终于赢得了胜利，百姓欢天喜地。为了纪念戚家军，台州地区就保留了十四夜吃糟羹的习俗，路桥人则是元宵吃山粉糊习俗。

十里长街的山粉糊店

甜羹

【制作食材】

主料：番薯粉（生粉）400 克 汤圆 30 个

辅料：葡萄干 30 克 坚果 10 克 荸荠 6 个 果脯 100 克 蜜枣 6 个 豆瓣 50 克

调料：红糖 100 克

【制作方法】

1. 番薯粉加水搅拌均匀待用。

2. 锅入水烧开加入小汤圆，直至煮熟浮起。

3. 加果脯、马蹄、葡萄干等（一定再次煮沸再放）。

4. 加入红糖（放了之后尝一下，果干已经有甜分了）。

5. 加入调好的番薯粉水，不停搅拌，直至成糊状。

咸羹

【制作食材】

主料：番薯粉（或生粉）400 克

辅料：肉 墨鱼干 笋 虾皮 豆制品 芥菜

调料：油 盐 鸡精

【制作方法】

1. 番薯粉加水搅拌均匀待用。

2. 各种配料统统成丁，芥菜斩细备用。

3. 油锅先加肉、墨鱼干炒，再加其余料丁，加盐、糖、酒翻炒。

4. 水烧开加入料丁，再加入豆腐，水烧开倒入芥菜。

5. 再次水烧开倒入米粉糊，边倒边调防止糊底。

6. 最后加入牡蛎，装盘即可。

番薯油圆

　　番薯油圆是路桥农村旧时的一种零食。因为过去零食少，家长们为了解决孩子们嘴馋的问题，就会将类似杂粮的番薯与糯米搅拌揉成团切丁油炸。油是家里杀的猪熬的，自然清香。每每炸至金黄捞出，孩子们就早早在灶台前等着了，家长们则慢条斯理地裹上麦芽糖与芝麻，等不及凉下来，孩子的手就伸了过来。那隔壁家闻到香味没法品尝的小孩，馋得直哭。

　　现在的番薯油圆大都串成铜钱状，散落在竹匾

番薯油圆

· 152 ·

里。边上一把长长的竹签空着，摊前一位上了年纪的阿婆和蔼可亲，通常这种情景你会在路桥卖芝桥头看到。不光小孩子看到想吃，大人看到也会立马要一串。只要你付过五块钱，阿婆就拿起一根竹签慢悠悠地串啊串，等待的心情跟过去隔壁家的小孩子无殊。由于竹签太长，孩子手臂短吃时就会动作夸张。嘴角的一圈油渍与眼神里的满足，构成对番薯油圆的一种评定。串成铜钱状的番薯油圆，寓意丰满，铜钱本身外圆内方，集大自然有形的事物和无形的意念之结合体。圆象征平等、包容、和谐，裹上芝麻寓意着芝麻开花节节高，意指生活越来越美好。

【制作食材】

主料：番薯 糯米粉

辅料：熟芝麻

调料：麦芽糖 红糖

【制作方法】

1. 将番薯煮熟和糯米粉、糖搅拌均匀，制成番薯粉团，切成所需大小。

2. 放入油锅慢火炸熟，出锅后把麦芽糖和芝麻浇在番薯圆表面即可。

长街美食

泡虾

　　"泡虾"是台州人的方言叫法，至于书面语是叫油鼓，正如稻草人不是"人"，泡虾也没有"虾"。"泡虾"的历史算来挺长，追溯到晚清。路桥人办喜事、酒席时，提前一两天便请厨倌来家里，将面粉搅成糊，再放点葱花，炸成胖胖弯弯小尾巴形状就成了"泡虾"。每逢过冬至、七月半供奉祖先时，是八大碗中必备的一道菜品。过去物质条件匮乏，人们渴望富裕，"泡虾"是泡发的食物，寓意着兴旺发达，祭祖时祈求祖先保

泡虾

佑生活幸福安康。

现在物质丰富了，"泡虾"变大了，有巴掌这样大，里面放了猪肉、鲜虾、墨鱼、葱等。在十里长街逛着逛着，微倦时突然闻到了"泡虾"香，于是四下寻找美味，十里长街（北）290号的正宗老街"泡虾"店肯定围着很多人，你得挤进去，高声喊道："我也来一份'泡虾'。"师傅会麻利现炸一个，不一会儿师傅便递给你一个滚烫的"泡虾"，赶紧趁热咬一口，外脆内嫩，鲜香无比，不然凉了就走味了。

很多闻到"泡虾"香的人们必到路桥正宗老街"泡虾"店打卡。你如果来到路桥，不妨一尝。

老街泡虾店

【制作食材】

主料：面粉 鲜虾 猪肉 墨鱼

辅料：葱花 萝卜丝 泡打粉 色拉油

调料：精盐 味精 黄酒

【制作方法】

1. 将主料洗净，用盐、味精、黄酒腌制片刻。

2. 面粉加泡打粉、水调成面糊，再放入葱花搅拌均匀，适当调味。

3. 锅烧热，入色拉油，将主料拖上面糊炸至金黄酥脆即可。

姜汁核桃调蛋（仙人烧）

姜汁核桃调蛋

长街美食

　　仙人烧，台州传统的一种烹饪技法，将装了食材的瓦罐置于垫了瓦片的铁锅内，大火烧灼锅底，通过铁锅和瓦片把热量传递给瓦罐，从而把里面的东西烧熟，顾名思义，其制作过程与味道有别于人间，只有仙人才能烧出来的味道，意为达到美味的极限。仙人烧姜汁核桃炖蛋，也是一道甜品，这甜品辣香醇口，是营养丰富的滋补佳品，具有散寒、止呕、祛痰、健脾等诸多功效，是路桥的特色小吃。以前，姜汁核桃炖（调）蛋在平常百姓家里算是一道上等的滋补品，只有坐月子的妇女或者身体虚弱需要补一补的人才可以吃得到，如今已走入寻常百姓家，成为地方的特色名点、可口的美味小吃。

跟核桃调蛋雷同的还有荔枝调蛋与桂圆调蛋。核桃、荔枝与桂圆是 20 世纪七八十年代路桥人的滋补品，走亲访友都要捎上几袋。这些滋补品几乎成了那个时代的经典伴手礼。哪家新媳妇上门，要做一碗核桃调蛋或荔枝调蛋给她，显示未来婆家的客气，这也体现了路桥人的待客之道。

去十里长街，食一碗仙人烧姜汁核桃调蛋，踏着青石板，蹚过卖芝桥，行至新安桥，再到福星桥，寻访一名宋朝青衣女子，间中看到戏剧服装铺、制秤铺、箍桶铺，耳畔又听见民族乐器铺里的二胡声，伫立细品，一段绝佳的偶遇在脑中展现。

【制作食材】

主料：核桃 鸡蛋

辅料：生姜汁 100 克（或根据口味适量调整）

调料：黄酒或料酒或白酒（少许）红糖 5 勺（可自定）

【制作方法】

1. 将核桃（炒熟或烤熟）剁碎放入金属碗内。

2. 鸡蛋三只用筷子打散，放入生姜汁、黄酒、红糖、水适量，搅拌均匀盛在碗内。

3. 将碗放在空锅中，锅与碗之间垫数块小瓦片，锅里不放水干烧，小火烧至蛋熟结成糊状，再在上面撒入核桃碎，略煮 3 分钟即可。

4. 食用时，可根据个人口味再适量加些红糖。

长街美食

野菱角

嫩剥青菱角，浓煎白茗芽。

淹留不知夕，城树欲栖鸦。

唐朝白居易古诗《春末夏初闲游江郭二首》，就描写乡野的田园乐趣及菱角的鲜嫩美味。在 20 世纪七八十年代，作为江南水乡的路桥，农业生产仍占主导地位。南官河、三水泾、青龙浦，与更多叫不出名字的河流纵横密布，使路桥有着水乡的韵味。水乡的特产丰盛，凡是有水的湖泊、池塘、沟渠，就会自然生长野菱角。

野菱为菱科菱属四角刻叶菱的变种，它有别于两个角的红菱，个头也比红菱小一倍多，才 2—3 厘米。野菱不需要人种植，只要去年采过的池塘，明年也会生长。在农村，人人都会辨识红菱与野菱，农村的孩子在暑假里，都会到塘边湖边偷偷采野菱，一旦被父母发现，屁股可是要被打成四瓣，因为父母怕孩子掉入水中。越是禁止的事就会变得越有趣，暗自采野菱就成了一件背着父母冒险的事情，也便成了童年趣事之一。采野菱要会看，要看到菱角的叶子高高撑起，下面就有肥大的野菱长着。采到的野菱角现场可以吃，又鲜又嫩，也可以清煮。

野菱角

在乡村，黄昏时分，会看到一个中年男子挑着担，一头是一个大木桶，另一头是一张小凳子外加一个小木桶，孩子们便尾随他而来。待行至湖或塘边，中年男子不慌不忙地将大木桶放至水中，小凳子与小木桶放入大木桶中，自己也乘机进了大木桶，端坐小凳子上。中年男人轻轻划着水，大木桶就在水中优哉游哉地行走着，水波荡漾。遇到野菱生长区域，就会停下来，利索采摘。不一会儿，中年男人上岸后，岸边的孩子们仍旧跟着，他就会分给他们一些，这时孩子们才会散去。此时夜亦缓慢来临，真是：

依然白酒青山夜，莺脰湖边摘野菱。[1]

而在十里长街的卖芝桥头一带，入夜时分，常会有一个中年男子面前放着一个箩筐，上面包着小被子，还有一把杆秤，这被子里包的就是煮熟的滚烫的剪去菱角的野菱。赶紧买一把尝尝，就像买到了夏天最有趣的采野菱部分。

[1]出自明诗人廖孔说的《重过兰溪》。

长街美食

【制作食材】

主料：野菱角

调料：八角 盐 糖

【制作方法】

1. 将新鲜的野菱角洗净放到锅中大火煮 10 分钟。

2. 转小火再煮 10 分钟，开锅静候 10 分钟即可。

海蛳螺

海蛳螺又名织纹螺、麦螺或白螺，是一种有毒生物，每年春夏季毒性更大。路桥人称海蛳螺为海蛳，亦有称香蛳。由于不知道海蛳螺有毒，只觉海蛳螺很美味，在过去它相当受路桥人的欢迎。

20世纪末，夏日的黄昏，路桥十里长街卖芝桥头常有售卖海蛳螺的老者，头顶着一个竹匾，腋下夹一个简易的木头支架，缓步向卖芝桥慢悠悠走来："喫海蛳来，新鲜的海蛳，条来……"若是稍远些的人家传来细细的唤声："装半斤来"，"好嘞……"老

海蛳螺

者的声音总是特别地亮，迅速支好简易支架，竹匾置于上头，一盏海蛳螺已经量好，还会递过来一盅特制的香醋。路

长街美食

· 164 ·

桥人有"无醋不动筷"之说，醋可以杀死海鲜中的副溶血性弧菌。因此，吃海鲜时蘸点醋，是本地人对食物的独有理解与习性。路桥人吃海鲜常常要配点酒，将着美酒嗫着海蛳螺，可是人生快事。炒熟的海蛳螺颜色层次分明，较易吸吮，吃起来肉质嫩滑，略带筋道，丝丝鲜香，回味无穷，越吃越上瘾，简直停不下来。

海蛳螺一般生活在近海礁石附近和泥沙底，盛产于广东、浙江、福建沿海，路桥濒临东海，亦有海蛳螺。海蛳螺外形特征表现为尾部较尖，螺体细长，形体小巧漂亮，长度约1厘米，宽度约0.5厘米。

曾经，海蛳螺是清明上坟必备之物，祭拜过后将海蛳螺抛掷于坟头，并口中念念有词：海蛳撒坟头，后代起高楼。据说此做法能保佑后代大发。

海蛳螺更是过去游戏中的道具，女生们捡来海蛳螺，别出心裁地串成圆形的手链状，可以用它玩"跳九宫格"的游戏。一群女生先猜石头剪刀布来决定谁先跳，在石板上踢着海蛳螺壳单腿跳，看谁跳得又准又远，来一决智力与脚力的高下。

2012年7月上旬，浙江等地发生多起因食用织纹螺引起的中毒事件，卫生部2012年7月20日发布通知，要求禁止销售和食用织纹螺，老街亦没有了海蛳螺。偶尔看到海洋生物图上的螺蛳种类，才会想起那些吃过海蛳螺的夜晚。

【制作食材】

主料：海螺或钉螺 500g（代替海蛳螺）

调料：生姜 蒜 蚝油（适量）蒸鱼豉油（适量）精盐（1 勺）鸡精（1 勺）十三香（适量）味精（适量）

【制作方法】

1. 清洗干净海螺或钉螺（买时向老板要一点海盐，溶于清水中，营造海水味儿。在盆中放两根筷子，将装满海螺或钉螺的漏筐放在上面浸泡，再滴几滴麻油，2—3 小时后就会看到盆底的脏东西会有很多）。

2. 锅里放油，将海螺或钉螺倒入快速翻炒，加入生姜、蒜、蒸鱼豉油、蚝油、十三香等调料。

3. 再加入少许水煮沸即可。

长街美食

米豆腐

"卖米豆腐嘞······"清晨的老街，在黎明的雾霭之中，昨晚的夜色还没有完全褪净，一个挑着米豆腐不停吆喝的中

米豆腐

年男子，嗓音响亮得把整条老街唤醒。本来起不了床的男孩子，一听到卖米豆腐的来了，就一骨碌起床，迅速从家里的米缸里取出大米来换取，妈妈看到便会说：哪里见过你这般嘴馋的小孩子。但看到售卖米豆腐的中年男子微笑着已经在收米了，也不好意思再说什么。换来的米豆腐还冒着热气，就已经进了男孩子的肚里，看他舔着嘴唇，意犹未尽的样子，就知道米豆腐定是难得的美味。

米豆腐跟豆腐不同，它比豆腐细腻 Q 弹。其实所谓"米豆腐"既不是豆腐，也不能完全说是米，而是由大米淘洗浸泡后磨成的米浆加入石灰后冷却而成，软软弹弹的口感像豆腐，但确实和豆腐没什么关系。选材时一般选用黏性不那么大的南方早稻米，口感会更有嚼劲一些。

米豆腐口感好、热量低、营养丰富，在 20 世纪 80 年代的路桥广为流行。不论是乡村还是老街，都有挑担售卖者，也深受孩子们喜爱。那时候做的米豆腐都以甜为口味，不需要再添加任何东西，就可以食用。米豆腐维生素含量丰富，在预防便秘、痢疾、小肠串气等疾病方面有着不错的功效，也能帮助身体排毒。因为在制作过程中用到了碱水，所以它可是不折不扣的碱性食物，对抗酸性体质引起的疾病（如高血酸、高尿酸症、痛风等）时益处多多。

在长期的演变中，各地的米豆腐慢慢积累出属于各自的独特卖点，比如湘西的米豆腐会加入辣椒末、西红柿酱、姜末、香葱；阆中米豆腐习惯切成薄片爆炒；郴州地区则把米豆腐当成零食，很少作为主菜；沅陵米豆腐会烧制酱汁浇在上面。

米豆腐真是"千人千面"，解决了众口难调的问题，很少有人敢说自己尝遍了各式米豆腐，但美味营养又健康还是一样的。"米豆腐"究竟有多吸引人，快来路桥老街品尝一番。

长街美食

【制作食材】

主料：大米 1000 克（早米为宜）

辅料：石灰（生石灰或新鲜熟石灰为宜）

调料：纯净水　糖

【制作方法】

1. 浸泡：选好材料以后，先将米淘洗干净，然后装入容器内和一定比例的石灰浸泡。一般浸泡3—4小时，当米粒呈浅黄色，用口尝半粒略具苦涩味时取出，用清水冲洗洁净，沥干待磨。

2. 磨浆：按大米与水 1：2 的比例加水细磨，若让米豆腐略带黄绿色，可在磨浆时加入少许绿叶汁。

3. 煮浆：米浆磨成后，即进行煮浆。煮浆时根据米浆的稀浓情况再加适量水，要用干净铁锅煮。开始以小火煮，并充分搅拌，以防止烧锅或成团，半熟后改大火煮至熟即可。

4. 成形：米浆煮熟后，趁热装入预先准备好的盛器（蒸格），下面盛一盆凉水，将米浆进行挤压，使之从蒸格中挤出，成大蝌蚪形状即成。

青草糊

　　过去每逢集市日，每家要选一个人去赶集。夏季里，天气炎热，蝉鸣阵阵，赶集回来时，篮子上会有一把干草（仙草）。在家里焦急等了很久的孩子，立马迎上去翻篮子找好吃的，看到干草便会好奇地追问：这是什么草啊，能吃吗？大人总是喜欢卖关子：等下你尝过便知道了。孩子好奇心特别重，拿来仔细闻闻，倒有一股植物的青草香味。大人这时就会将青草在锅里煮着，沸后满屋子的青草香呵！迫不及待的孩子来掀锅盖，大人马上阻止，同时嬉骂：馋鬼！还早着呢。

长街美食

　　是啊，等待青草熬制成青草糊的时光与等待长大一样难耐。总要等到午饭后，青草加山粉逐渐冷却成了青草糊，一面盆的青草糊，大人总会分给邻居一起享用。就这样，孩子在期盼中也长大了，青草糊倒成了追溯童年往事时的感慨回忆。

　　仙草，又名仙人草、凉粉草等，属唇形科凉粉草属一年生草本宿根植物，一年种植可多年受益，高可达1米，叶对生，秋末开花，生于水沟边及干沙地草丛中。轮伞花序排成顶生、长2—8厘米的总状花序式；花冠白色或微红，长3—3.5毫米，上唇阔大，具4齿，中间2齿不明显，下唇舟状。具有清暑、解热利尿的功能。翻开《温岭县志》记载，"青草糊：青草加水煎煮，取汁冷凝后成糊状，吃时加桂花糖，清香解渴。"青草糊亦是路桥传统小吃。

　　在路桥老街卖芝桥以东，长年有售卖青草糊的店铺，只见一排玻璃杯倒扣在盘子里，成冻状的青草糊吸在杯中，下面却是悬空的，像一个艺术品一样，更像魔术般，引人注目。喝一杯青草糊，消暑解渴又健康，在薄荷味的青草香中回味无穷。

【制作食材】

主料：青草（仙草）山粉

辅料：芝麻 蜂蜜

【制作方法】

1. 青草洗净放入锅中加半锅水，等把青草煮开了用小火再慢慢煎半个小时把青草的浓度煮出来。

2. 把青草捞起来用水洗下，再把洗过的水继续放锅里煮。

3. 把煮开了的青草水过滤一遍。

4. 在过滤后的青草水中加入两三两山粉，搅拌均匀，再小火煮 20 分钟。

5. 倒入碗中至冷却凝冻，可加蜂蜜、薄荷、芝麻、冰水食用。

葱油麻球

葱油麻球

　　圆滚滚的金色麻球是传统点心，是路桥人喜爱的
风味小吃，在酒店、小吃铺、临时摊点等都能见其身
影。以往传统做法，麻球里的馅是豆沙，是甜中带糯
的食品。路桥人长期都对甜品情有独钟，做的点心都
是以甜味居多，相传老街有个婆婆因为糖尿高不能吃
甜食，但每次看到家里人吃葱油麻球就特别想吃。聪
明孝顺的媳妇看出来了，就想把麻球做着咸味的试试，

不想咸味的麻球味道更胜一筹，家里孩子也特别爱吃，于是就在乡坊间传开。路桥人对美食有着独特的探寻与自身的理解，会根据自身喜好将丰富多样的馅料放进麻球里，做出来的葱油麻球极具个性化。曾有人言：走遍全中国的麻球都是甜的，只有这里的麻球是咸的。葱油麻球的特点是色泽金黄，浑圆膨松，美观诱人，外皮焦酥，麻香松脆，内里甜糯可口。

现在在老街一带，仍然可以看到小摊点售卖着葱油麻球。若想知道是甜的还是咸的，不妨去品尝几个试试。

长街美食

【制作食材】

主料：糯米粉 500 克 五花肉 200 克

辅料：芝麻 豆腐干 虾皮 小葱

调料：盐 白糖 味精

【制作方法】

1. 制馅：五花肉提前 3—5 小时煮至八至九成熟，用盐腌制一下，制成咸肉。

2. 将备好的咸肉洗净，不能太咸，切小粒，加豆腐干、虾皮、葱花，放适量白糖，加入味精备用。

3. 糯米粉和好面团。

4. 包入五花肉馅，粘上芝麻，入锅炸至金黄即可。

石莲糊

石莲糊是夏季消暑的美味小吃，是薛荔果实（方言"石莲果"）加水煮开后凝固成的清凉食品。在路桥，夏天可以在街头巷尾随处见到石莲糊的身影。石莲糊与青草糊、洋菜膏可谓"稳稳地抓住人们的味蕾"，在传统的消暑小吃里占着重要的地位，无论男女老幼都喜爱。

薛荔果是攀援或匍匐灌木的植物，常见于生长石桥两侧，在路桥古街的福星桥、螺洋街道的万善桥（本地人也叫新桥）、金清大桥等，都长有薛荔果。它们攀援着石桥，依附桥体呈现茂盛的绿色，远远看去，好像给桥穿上了一件绿色的碎花衣。一到夏天，桥体上便悬挂着丰硕的果实，果实长得极似无花果，切开果实亦看到它们雷同的结构。薛荔果和无花果一样，都是"不花而实"的植物，贾思勰就在《齐民要术》中写道："古度树，不花而实……色赤可食，其实中有蒲梨者，取之数日不煮，皆化为虫，如蚁有翼，穿皮飞出。"说的是植物传粉需要一种虫子，并非不开花就结果，而是由隐头花序发育成果实状。

长街美食

· 176 ·

石莲糊

　　路桥老街的妇人最会因地制宜制作美食，像石莲糊这样的美味自然不能逃脱她们的巧手。

　　她们先将薜荔果对半切开，掏出里面的果籽晒干，取晒干的果籽适量并放入干净的纱布里，口扭紧，浸入凉水中，用手反复揉搓材料，再挤出黏滑的汁液。一直反复浸水揉搓挤汁，直到感觉纱布里的薜荔果挤出的汁液不再黏滑。

　　民间有这样一个谜语："邓（谐音藤）家大娘，水家丈夫，布巾四做媒，糖小姐陪陪。"说的就是石莲糊。路桥老街的石莲糊往往被倒扣在杯中，立于店铺门口，令人极有食欲，"阿婆，来一杯石莲糊！"石莲糊一入喉咙口便暑气全消，浑身恬适。石莲糊真是夏日大自然清凉馈赠与人们的智慧的结合。

【制作食材】

主料：薜荔果（石莲籽）

辅料：牙膏　薄荷

调料：白糖　矿泉水

【制作方法】

1. 在锅内放水，将石莲籽放在纱布中揉搓，直到水变色。

2. 将牙膏溶解在水中，一边搅拌石莲水，一边倒入牙膏，冷却。

3. 等石莲水凝结后，用勺子在边缘刮入碗中，再放入白糖、薄荷、香精等。

鸡子酒

　　旧时物资匮乏，但这并不影响路桥人一直以来的热情、好客。凡是新姑父或是久未谋面的兄弟姐妹登门，路桥人就会客气地下锅煮一碗鸡子酒，鸡蛋是家里土鸡养的，烧起来整条街都香。要是这个时候亲戚说要回家，那可是一个生气，说没把自己当一家人，客人逃到路上也要给你拽回来。要是谁家飘出了鸡子酒香，邻居们便能八九不离十猜到他家来了重要客人。

　　旧时鸡子酒还是珍贵的营养品。早稻收成后或是农忙时节，家里男人下地干活累了，女人才会烧一碗鸡子酒给他补身子。孩子们还小，闻到鸡子酒香就会咽着口水围观，女人们则赶跑孩子们：你们还小，不能喝酒，还不需要吃滋补品，等你们长大了，干了很多的活儿才能吃。孩子们就会觉得鸡子酒是神秘的成人礼物。

　　鸡子酒怎样做才地道，对鸡蛋与酒都有严格的要求。鸡蛋要优选新鲜土养的鸡蛋，酒也要陈酿的绍兴黄酒，酒与水的比例要按个人酒量与喜好把握。鸡蛋烧至七成熟，蛋黄有一点红心时出锅，这样的鸡子酒

鸡子酒

最美味也最滋补身体，如头晕、气短、乏力等这些气血不足的症状可以得到改善。在民间传说吃鸡子酒时，蛋要奇数才会达到滋补的效果，所以人们烧鸡子酒一般会选择三个、五个鸡蛋。但在生病期间（包括感冒期间、女子例假期），不宜食用鸡子酒，因为鸡子酒是补品，如在这期间饮用会使疾病久久不好，或是例假久久不能干净。

现在滋补品花样翻新，食用鸡子酒的人越来越少，成了一种对过去生活的回忆。累了倦了来一碗鸡子酒，起到滋补养生作用。

长街美食

【制作食材】

主料：鸡蛋（土养）5 枚

辅料：绍兴黄酒加枸杞（按个人喜好确定克数）

调料：红糖（土法制作的红糖为首选）

【制作方法】

1. 取 5 个鸡蛋去壳打入碗中备用。

2. 倒入绍兴黄酒，喜欢酒味浓一点的加多点，否则加少点。

3. 锅内放水用中大火蒸 15 分钟左右，喜欢嫩一些的时间短些，关掉火等待 3 分钟。

4. 出锅前加入红糖，再撒几颗枸杞点缀即可。

鸡毛换糖（老街麦芽糖）

　　"敲糖来，鸡毛、鸭毛、牙膏壳、拖鞋爿、凉鞋爿、头发、空瓶、旧被絮都可以换咯！"地道的路桥方言在老街荡漾开来，先闻其声，不见其人。孩子们不但耳尖，眼睛又亮，一阵搜索，才从老街的北头邮亭驿站这头，瞧见若隐若现地来了个敲糖人。这是一个戴着斗笠的老翁，左手拨浪鼓不停摇着，发出"咚咚咚"的响声，右手扶着扁担，一根细长的扁担挑着两个大糖担，挺有节奏地发出"咿呀咿呀"的沉稳声响，沿着老街慢悠悠走着，继续吆喝："敲糖来！想喫格条来！"孩子们可是着急了，有的匆忙回家找旧东西，有的喊："等几，等我回家找东西。"有的干脆跟着敲糖人后面学着吆喝声。敲糖人的到来让老街热闹起来，有人找到了鸭毛，捏着鼻子拎过来了，敲糖人不紧不慢放下担子。先翻看了一遍鸭毛，放在手里掂了掂分量，说：你这个鸭毛没晒好，糖不会太多。孩子则说，这样上等的鸭毛，你走遍老街都找勿到，糖多点才是。敲糖人则说，小猢狲，嘴巴倒像"蔡缸爿"，糖是应该多些。一问一答，就知道路桥人有着天生的

长街美食

生意嘴。敲糖人左手拿一把刀，右手握着小铁锤，对着包着粽叶的圆饼形的麦芽糖敲将开来，一敲就敲出一大块，再切分成小块些，但糖分太足，敲将出来的麦芽糖藕断丝连着，乳白色的麦芽糖撒着黑黑的芝麻粒，像个大麻脸，但糖的甜味已经在老街弥漫开来。换来糖的孩子大口地嚼着，放得太多，嘴巴都闭不拢，别的孩子则看着流口水，便央求自己的父母也给自己敲一块糖。

能吃到鸡毛换糖是 20 世纪七八十年代孩子们的幸福之事。迈步现在的老街，修缮一新的老街如清明上河图的画卷般展于眼前。社会的发展已经不太看得到敲糖人，但如果你的运气足够好，还是会偶遇一个敲糖人。不仅是糖的甜味，而是那个鸡毛换糖的过程，物物交换的原始买卖，本身就其乐无穷。

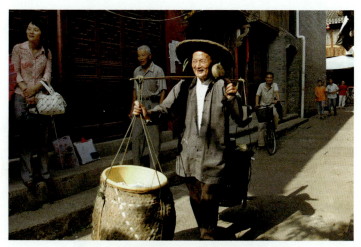

十里长街上行担的鸡毛换糖

【制作食材】

主料：小麦（或大麦）　玉米（或糯米）（玉米需粉碎成小米大小）

【制作方法】

1. 育芽：将小麦麦粒或大麦麦粒洗净，放入木桶或瓦缸内，加水浸泡。夏天用冷却水，冬天用温水。将麦粒浸泡24小时后捞出，放入箩筐内，每天用温水淋芽两三次，水温不要超过30℃。经过3—4天后，待麦粒长出二叶包心时，将其切成碎段，且越碎越好。

2. 蒸煮：将玉米碎粒或糯米洗净，在水中浸泡4—6小时，待吸水膨胀后，捞起沥干，置于大饭锅或蒸笼内，以100℃蒸至玉米碎粒或糯米无硬心时，取出铺摊于竹席上，晾凉至40—50℃。

3. 发酵：将晾凉的玉米碎粒或糯米，拌入已切碎的小麦芽或大麦芽，发酵5—6小时，再装入布袋内，扎牢袋口。

4. 压榨：将布袋置于压榨机或土制榨汁机上，榨出汁液，在锅里熬出水分，余下的即为麦芽糖。

麦芽糖

脆炸排骨

中华饮食，博大精深，经过几千年的沉淀积累，烹饪的方式有煎、炒、炸、蒸、汆、涮、煮、炖、煨、卤、酱、熏、烤、焓、腌、拌、拔丝等，在吃这个学问里，可谓做足了各类功夫。这里要说的是炸这种基础烹饪方法，但炸得好吃与否，同样需要技术。

猪排骨有着丰富的营养成分，提供人体生理活动必需的优质蛋白质、脂肪，尤其是丰富的钙质，能起到保护骨骼健康的作用，是老少咸宜的美味。"三八路桥市"——过去路桥人每逢三八赶集的日子，家里便会派一个人上菜场，买鲜鱼买果蔬，也少不了来两条猪排骨。在过去路桥人眼里，生活富裕的一个简单标准就是有肉吃，假如吃的是排骨，这户人家对食物的理解与生活水平又上升到另一个档次。但凡有炸排骨的日子，巷子里总会传出炸香与朗朗的笑声。特别是孩子们，吃了一块又来一块，简直是停不下来的节奏。

假如对自己的手艺不是很认可，可以上街买，在这个分工越来越精细化的社会，每个人都可以做自己擅长的事，又能享受到别人的特长。现炸的排骨在老

脆炸排骨

街已经卖了几十年了，这间郑记老字号排骨店开在卖芝桥西路，是一间小小的门店，店里炸物很多，炸猪肉块、炸响铃、炸翅尖等，但最最好吃的还是炸排骨，是炸品中的精品。

夏日的黄昏，悠闲地欣赏老街的古朴风情后，信步行至卖芝西路 15 号的郑记排骨店，来一份炸排骨，老街的物景与排骨的香味融合为一，这是一种简单而幸福的满足，也是一个普通路桥人的黄昏。一道美景加一道美食，踏实而平安的一天足矣！

长街美食

【制作食材】

主料：猪肋骨 250 克

辅料：葱 姜 蒜 辣椒（根据自己口味取量）

调料：八角 花椒 盐 白糖 生抽 味精（适量）孜然粉 五香粉

【制作方法】

1. 猪肋骨剁成小块，加盐、料酒、生抽、葱、姜腌制半小时以上。

2. 切好葱花、蒜片、姜片，准备好花椒、干辣椒、八角备用。

3. 热锅凉油，将油烧热后，加入辅料爆锅出味儿。

4. 小火，加入排骨翻个儿炸透，基本熟透后，可以改中火稍微炸 1 分钟上焦色。

5. 炸好之后，将锅倾斜放置，把排骨放在一边控油。

6. 盛出排骨后，撒上孜然粉、五香粉等调料即可。

纯手工芝麻糖

　　江南一带的民间传说中，老鼠是四害之一，不吉利，人人讨厌老鼠，更有"过街老鼠人人喊打"的俗语。聪明的人们就想出一个办法，在农历年三十夜要把老鼠"嫁"出去，以确保来年平安吉祥，老鼠不偷吃人类食物、不乱咬人类庄稼。所以除夕这晚家家户户炒芝麻糖，就是为老鼠"成亲"准备的喜糖，幸福的老鼠吃到人们精心准备的喜糖，再不作乱危害人间。人们的美好寄愿带着神话色彩，让芝麻糖披上了神秘的外衣。

　　不过在20世纪要吃上芝麻糖，同样要等到快过年时，街头才有现做芝麻糖的摊点。父母会去赶集并带回来一袋，藏于家里的米缸

纯手工芝麻糖

长街美食

中，肯定被嘴馋的孩子发现，于是孩子们总像老鼠一样偷糖吃，吃得满嘴芝麻香，一嘴黑牙，这样也就会被父母看到。父母就会怜爱地责备：老鼠偷芝麻——吃香。

现在纯手工制作芝麻糖已极少，但在路桥十里长街卖芝桥这一带，仍有传统纯手工经营芝麻糖的制糖人。这是个中年男人，长年累月在此纯手工制作芝麻糖。他有一个小推车，推车上放着一个石磨，还放着芝麻糖、花生糖、油枣等。只见他缓缓转动石磨，吐出一堆芝麻粉，老远就能闻见芝麻香。来老街带一包芝麻糖，带走一个美味的故事。

芝麻糖香脆可口，绿色营养，是经多重发酵手工制作，是健身益寿的传统休闲食品，也是老人小孩都喜欢的零食。它不仅营养丰富，还能治疗消化不良、伤风咳嗽等疾病。特点是白芝麻色泽米黄（黑芝麻油黑发亮），香甜可口，酥中有脆。青少年白发者，也可用吃零食来辅助治疗。真是：

芝麻虽小却是宝，美容养颜又补脑。
粒粒精华发乌光，花开朵朵节节高。

【制作食材】

主料：黑芝麻（或白芝麻）500 克

辅料：麦芽糖 80 克

调料：白砂糖 150 克 植物油 20 毫升 水 100 克

【制作方法】

1. 黑芝麻（或白芝麻）清洗干净后沥干水。

2. 洗好的黑芝麻放入烤盘，100℃烤 10 分钟左右。

3. 待芝麻表面的水分烤干后，稍变黄且散成颗粒状。

4. 锅里倒入油加热，倒入芝麻小火慢慢翻炒。

5. 炒至颜色变黄，另起平底锅，放入白砂糖加清水。

6. 小火炒糖水，开始会冒大泡，再炒冒小泡，这时放入麦芽糖继续炒。

7. 倒入炒好的芝麻，一同翻炒，一直炒到可以拔丝。

8. 迅速倒入不粘烤盘内，用擀面杖擀成薄片，擀成 0.5 厘米左右即可。

长街美食

卖芝桥面结

　　卖芝桥位于十里长街中段，因卖小猪而得名。以前，卖芝桥是路桥的繁华地带，最经典的匠坊、最时尚的服饰、最美味的小吃汇集于此，使卖芝桥成为路桥烟火味最浓的地方。

　　路桥人喜欢吃面结。经常在菜场看到卖面结的摊点，售卖者正在迅速地制作着，一边是一码浅黄色

卖芝桥面结

正方形的豆腐皮，另一边是一大盆加了葱、姜等馅料的肉末，售卖者动作麻利地挖相应馅料裹进豆腐皮里，跟包饺子有些类似，但饺子需要用水黏合。面结不封口，一包五个成捆，用绳子绑成一束，烧时整捆丢入滚水中，待到煮熟吃时再将绳子解开，如果提前

解开，那面结可就散了。

　　小法面结——卖芝桥最老字号的一家面结店，是几十年的老店，从父辈经营转手至儿辈，本着简单的面结、粉丝、骨头汤、油泡四件固定式样菜品得名。小法面结每天在下午五点多开始营业，可当作晚餐或夜宵，顾客络绎不绝，基本是本地人，有的甚至从小吃到大。外头的大锅煮着骨头汤，热气腾腾，里头摆着几张桌椅，简易却相当接地气。面结粉丝汤比较清淡，桌上有调料可以随意添加，其特点是面结绵软，粉丝滑糯，汤汁鲜美，吃着热烘烘的面结粉丝汤，本地话聊着家常，是冬季黄昏最好的消遣。不过度消费，不过度热情，不过度张扬是小法面结的经营理念。一碗面结粉丝汤，维系了路桥人的情感联络与美食情结。

长街美食

【制作食材】

主料：面结皮 5 大张　里脊肉 450 克

辅料：豆腐 500 克　粉丝 200 克

调料：葱花　料酒　盐　麻线

【制作方法】

1. 里脊肉洗净沥干剁肉末，拌入嫩豆腐、葱花、盐、料酒等拌匀。

2. 将一整张面结皮剪成尺寸相等的正方形。

3. 一小个包好、5 个一起用麻线系一捆。

4. 锅里水烧开，将粉丝、面结（别解开麻线）放入滚水中，待面结上浮撒上一些葱花装盘即可。

桂花糖炒栗

一阵秋风来，桂花栗子香——秋天时节，正是桂花与栗子成熟的季节。秋天带来了收获感与幸福感，食一枚桂花糖炒栗，甜糯香绵，一栗知秋，抬头望向天空，湛蓝的天空更高了，便知秋已渐深矣。

桂花糖炒栗

据书上记载，糖炒栗子是京津一带别具地方风味的著名传统小吃，也是具有悠久传统的美味。南宋时，陆游在《老学庵笔记》中曾记述这样一段动人的故事，他写道："故都（指北宋的汴京，即今开封）李和炒菜，名闻四方，他人百计效之，终不可及。"接着又写："绍兴中，陈福公及钱上阁，出使虏庭，至燕山，忽有两人持炒栗各十裹来改……自赞曰：'李和儿也。'挥涕而去。"据此可

长街美食

以推知，汴京的炒菜专家李和在外族入侵时家破业敝，他的儿子带着炒栗的绝技流落燕山，他用献给故国使者的栗子，表达自己对祖国统一的热望。

　　一份朴素的糖炒栗蕴含着古人浓浓的家国情怀，时光匆匆，屈指算来，已逾千年。由此可以推断，一千年前的人们就有了糖炒栗。故人不在，唯有美食代代传承，传至路桥的时日已无从考究，如今的路桥人把糖炒栗当成一份美味小吃。到路桥卖芝桥的桂花糖炒栗店，店面极小，一米见宽，只能容纳一人，一只圆桶状的机器翻炒代替人工手炒，这样在时间与数量的把握上更加精准。食客们还要凭号排队才能候到新鲜、滚烫的糖炒栗，十元便得到一小包，一个又香又暖的傍晚便捧在手中。路桥人在传统的糖炒栗中加入桂花，添加的是路桥人对桂花香气之欢喜，对花开花落的理解，真是：

　　　　　闲庭信步笑看花开花落，
　　　　　宠辱不惊冷观云卷云舒。

【制作食材】

主料：栗子

辅料：桂花

调料：食用油 红糖

【制作方法】

1. 栗子洗净后，用刀片在底部划一刀，划口的长度要和栗子本身一样宽。

2. 将开口后的栗子放在净水里面泡上半小时，充分让栗子吸水（炒制时会蒸发水分，栗子就不会太干硬了）。

3. 将栗子沥水，放在密封盒里，放上一勺油，盖上盖子摇匀。

4. 电饼铛加热，放入栗子开始烘烤。

5. 间隔三四分钟开盖翻动一次，撒上少许水。

6. 约烘烤15分钟左右，看到栗子开口，放入少许糖、桂花，用铲子翻拌一下。

7. 再加盖焖2分钟左右即可。

长街美食

蛎灰蛋

　　蛎灰又称蜃灰，俗名白玉，是江浙沿海地区一种重要的传统建筑材料，大至建城墙、筑桥梁，小至盖房屋、修沟渠，都会使用到这种材料。

　　路桥是滨海小城，凡海滨石山傍水处，咸浪积压，生出蛎房，经年累积长度有数丈，阔则数亩，巍峨耸立如假山形状。蛎灰的制备是基于蛎壳煅烧生成蛎灰（主要是氧化钙），并放出大量白烟（二氧化碳），用水泼蛎灰，风化成蛎灰浆（氢氧化钙）。也就是说生蛎灰加水后会发生高温反应，若此时在生蛎灰中埋入鸭蛋，其热量（可达200℃，而普通煮蛋100℃）能

蛎灰蛋

将鸭蛋煨熟，台州沿海地区一直保留这种做法，称之为蛎灰蛋。蛎灰蛋生熟恰到好处，口感好，蛋白咬之有弹性。蛎灰蛋性凉清热，食之还可以驱蛔虫，是台州古法美食之一。

过去，每每看到有人煅烧蛎壳，路桥人就把家里的鸡蛋、鸭蛋洗净放入加热，只需二十分钟，集清火解毒、有营养、独有味道的蛎灰蛋就煮好了。

久而久之，蛎灰蛋发展成为一个产业。"蛎灰蛋哎，吃蛎灰蛋，滚烫的蛎灰蛋……"路桥十里长街上的叫卖声由远至近，时常有一个妇人提着一个大桶，桶头盖着厚厚的棉巾，沿街缓慢走来。你若到十里长街，有运气遇见售卖者，不妨买一个品尝，剥着烫手的蛎灰蛋，一个海浪喧嚣的场景浮现，接着烧制蛎灰的现场亦徐徐铺开。

长街美食

【制作食材】

主料：鸭蛋

辅料：蛎灰

调料：水

【制作方法】

1. 将 500 克生蛎灰倒入耐热容器中。

2. 倒入约 125ml 清水。

3. 迅速用搅拌匙将水与生蛎灰搅拌均匀。

4. 搅拌均匀后在中间挖一个深至见底的坑，将清洗干净后的鸭蛋横着放入坑内，再用生蛎灰将鸭蛋完全盖住堆成一个火山形状即可。

5. 生贝灰遇水后会发生高温反应，冒出大量热气，蛎灰也随之变成白色粉末。

6. 加水 20 分钟后可拨开蛎灰将鸭蛋取出，鸭蛋已煨熟但温度仍旧很高，可用搅拌匙与湿纸巾包裹着取出，再用湿纸巾擦洗鸭蛋表面，剥开蛋壳即可食用。

八宝饭

传说，宋时有一位士兵，在一场激烈的战斗后兵败，他丢弃长刀，脱掉盔甲，从死人身上剥了一身布衣，不敢走大路，专门抄小道，尽往没人的地方潜逃，也分不清东南西北，只想早点摆脱追兵的捕杀，几天后走近一座大山时甩掉了追兵。他找到一座破庙时，已经饥寒交加，好不容易翻进庙门槛便一头昏倒在佛像前。那是个冬天，风狂雪大，西北风呼呼直响，正在士兵奄奄一息时，忽觉手指一阵剧痛，原来是一只硕大的老鼠把他当作美食啃咬。他又气又恨，不知哪来的力气，追着老鼠来到后院，老鼠突然不见了，他左找右找，在墙角发现了一个鼠穴，竟然在鼠穴中得到老鼠过冬的口粮，内有大米、红枣、莲子、桂圆等食物，不多不少，刚好八样。他起先骂道："好你个偷供品的肥鼠。"转念一想，随即跪倒在佛像前，是菩萨给他留的救命之粮，他也不认得这些是什么菩萨，朝着佛像一阵跪拜。他用香炉为锅，将鼠穴中的食物统统煮成一锅饭，这一顿饭，是他这辈子吃过最好吃的饭了，可称人间极品。这位士兵顺利活了下来，并回到了家乡，他给这顿饭起名叫八宝饭。后来他为纪念

八宝饭

此事，年年皆用此八样做饭，并在民间流传，直至传到今天。

春去秋来，传播千年的八宝饭，已被人们赋予它深厚的寓意。早期，八宝饭的制作工艺相当繁复，用材讲究，据称八宝饭与古代的八宝图渊源颇深。所谓八宝，分别是玉鱼、和合、鼓板、磬、龙门、灵芝、松、鹤八种祥瑞之物，有祈求吉祥平安之意。八宝饭中的莲子由和合——蓬头笑脸的二位仙童转化而来，象征婚姻和谐；桂圆象征团圆，金橘象征吉利，红枣象征早生贵子，蜜樱桃、蜜冬瓜象征甜甜蜜蜜；薏仁米则为仙鹤转化而成，象征长寿、高雅、纯洁；瓜子仁像鼓板的变体，象征生活有规律，平安无灾祸；红梅丝与龙门系同色，含鼓励进取、祝福顺利之意，绿梅丝也寓意长寿。同时，"八宝饭"状似一只"聚宝盆"，能够财源滚滚。

八宝饭的营养价值很高，糯米性质甘温，对补中益气有很好的效果；莲子性平味甘，含有高蛋白质，有强心作用，有利于消除疲劳；红枣含高蛋白质、糖类等，能补血安心神；葡萄干含有一些能降低胆固醇的成分，改善直肠健康。

长街的八宝饭，根据口味添加了当地人喜爱之食物，例如葡萄、青梅、果仁等，不妨加点纯牛奶，口味上更胜一筹。闲逛老街，听一个古老的传说，吃一碗地道的八宝饭，仿佛回到了宋朝。

【制作食材】

主料：糯米

辅料：莲子 红枣 青梅 瓜子仁 葡萄干 核桃仁 桂圆肉 红豆

调料：白糖 甜桂花酱 熟猪油 湿淀粉 青甜丝 红甜丝

【制作方法】

1. 先将糯米淘洗干净，把红枣、青梅、桂圆肉分别切成1厘米见方的丁，将葡萄干、瓜子仁、核桃仁、红豆洗净。

2. 处理好之后取一只碗，加糯米及适量水上笼蒸熟取出略晾。

3. 糯米加白糖、猪油拌和，再取一只碗，底部抹熟猪油，铺上各种配料再抹上糯米，平口为宜，上笼再蒸10分钟。

4. 糯米加适量的水，扣碗底部一定要抹油。

5. 将蒸好的八宝饭端出扣盘中，另起炒锅上火加适量清水、白糖、甜桂花酱，用中火熬制融合，再用湿淀粉勾芡，淋入熟猪油，浇在八宝饭上即可。根据个人口味将青红甜丝撒在八宝饭上。

长街美食

绿豆面碎

在台州路桥，不管大人小孩，穷人富人，每天的早餐都要吃上一碗"绿豆面碎"。这是必备的早餐之一，也是台州的特色小吃。"绿豆面碎"其实并不碎，盛在碗里的豆面细长、光滑，韧度强。我不明白这种做法为何称之为"绿豆面碎"，也许它这个"碎"字源于其佐料的杂多和细碎，或者面条本身太长，需要把

绿豆面碎

它折断方便食用。相比于台州的其他小吃，"绿豆面碎"确实是最清清爽爽的一道美味。一把榨菜末，一把葱花，这就是它最原始的配料。至于小肉丸、面结之类的，则是根据个人的口味自行添减。

一碗热腾腾的"绿豆面碎"，入口柔而滑，有一种清新爽口的乡土风味。来台州路桥，都要去趟老街，来一碗"绿豆面碎"。虽然"绿豆面碎"是寻常饮食，但一大早起来还是想吃一碗，真是百吃不厌。它总能给人一个短暂而简单的快乐时光。

长街美食

【制作食材】

主料：绿豆面 100 克

辅料：葱花 榨菜丝（熟） 虾皮 熟肉丝 鸡蛋丝

调料：食用油 盐 米醋 味精

【制作方法】

1. 适量的辅料放入碗里，加入适量的盐、味精、葱花、食油、醋。

2. 将绿豆面放在锅内，加入清水煮熟。

3. 将煮熟的绿豆面放到装调料的碗里，加入高汤拌匀即可。

绿豆面碎

打炒米（爆米花）

　　20 世纪中后期的路桥，年关将近，打炒米的老工艺人准会在老街出现。因为此时粮食收成，家里都存着一些大米、玉米等，这些可是爆米花的一级原料。

　　一见到打炒米的老工艺人来了，边上的孩子们就回来缠着父母要打一铳。这放一铳时发出的声音可是个讯号，邻近的孩子都闻声而至。他们带来家里最大的畚斗，畚斗底是家里的一斤大米，有的是玉米。他

打炒米

们飞奔着去街边的小店买一包一毛钱的糖精，那时穷，糖也吃不起，只能放个糖精。孩子们排着长长的队伍，左顾右盼，耐心相当有限。要是谁家的爆米花做出来了，一准分着先尝个鲜。大米变成了一粒粒大胖子，又脆又甜，好像这样一吃把乡村的严寒都吃下去了，全身暖烘烘的。

打炒米的工具是一个纺锤形焖锅，下面一个铁架，铁架离地有二十厘米，下面可以放燃料（干木柴），边上是一个大风箱（后期也会用鼓风机在边上吹，省事多了）。老人左手轻快地摇转着火炉上被烟熏黑的纺锤形焖锅，右手将边上的风箱拉得"呼哧呼哧"直响。没几分钟，他估摸着时间好了，便站起身来，轻快地将焖锅搬离火炉，将一个长长网袋对准那个焖锅口。"都退远点，退远点"，他朝着众人命令道，发现孩子都在安全距离外后，动作麻利地解开焖锅的保险栓。"嘭——"一声巨响，孩子们来不及掩住耳朵，惊叫连连，一边又伸长脖子看那网袋里的食物。只见一袋的白烟冒起来，那家的孩子已经拿着畚斗去倒，满满一畚斗的大白胖子，这个孩子便喜笑颜开，快乐得像一只百灵鸟。

春天时，农村人家总要在田间地头种几株玉米，要求孩子们也跟着去种，父母就让他记得浇水施肥；玉米收成后，还要让孩子们一粒一粒从玉米棒上掰下来，放在扁筐里晒干。要等到打炒米的日子，孩子们这才知道这是父母为年关做爆米花用的，也明白了父母为了让孩子们熟悉农事的基础，长大就不会忘本。

时代斗转星移，现在的爆米花是跟电影院连在一起的，十元钱就是一大包，看一场老电影食一袋爆米花，一段甜甜的幸福时光。偶尔在街巷看到打炒米的老人，驻足察看，还是那几件老工具，古旧而朴素。老人更老了，可炒米更白了，白得耀眼，像繁星闪烁的童年光阴。

【制作食材】

主料：大米或玉米 100 克

辅料：食用油 淡奶油 奶粉

调料：白糖

【制作方法】

1. 热锅倒油，下玉米，中火加热 1 分钟，待有"噼啪"声时盖上锅盖，晃动锅子，待锅中没有声响时打开锅盖，盛出，冷却备用。

2. 混合淡奶油、奶粉、白糖，中小火加热，持续搅拌至白糖全部融化。

3. 趁热拌入爆米花，拌匀出锅即可。

茶叶蛋

茶叶蛋在路桥是平常小吃，在十里长街自然也少不了茶叶蛋的身影。作为一种民间小吃，茶叶蛋起源已无从考究。清代美食家袁枚在其著作《随园

茶叶蛋

食单》中，详细记录了茶叶蛋的制作过程，是可考最早最系统地介绍茶叶蛋做法的书籍。

"鸡蛋百个，用盐一两，粗茶叶煮，两枝线香为度。如蛋五十个，只用五钱盐，照数加减，可做点心"袁枚在书中这样写道。一次煮一百个茶叶蛋，需用盐一两，加上粗茶叶，煮上"两枝线香烧尽"那么长的时间。

关于火候的掌握，袁枚还在"火候须知"一篇中写"有愈煮愈嫩者：如腰子、鸡蛋之类是也"，似乎

对茶叶蛋提倡"久煮"。据后人推算，袁枚所写"两枝线香"的时间便是四个小时。

一锅现煮的茶叶蛋，几乎香了整条老街。为何茶叶蛋有如此的魅力，请你来路桥十里长街打卡，你舌尖品到的才是属于你能说出的滋味。

哥哥要去当兵了
隔壁小妹连夜偷偷煮了哥哥最爱的茶叶蛋
她紧紧攥着一袋滚烫的茶叶蛋
混在送行的人群中
长长的队伍，长长长长的队伍啊
小妹一眼就认出戴着大红花的哥哥
一句话也没说不出来眼睛就红了
这么多人，这么多人
总要把礼物送出去
小妹把围巾裹在头上
跑过去低下头把茶叶蛋递给哥哥
转身就跑
瞬间，边上兵哥哥们吹起口哨
哥哥一伸手拉住小妹
说道：茶叶蛋是最好的
小妹摇头，哥哥说：家乡是最好的
她又急摇头，哥哥接着说：小妹是最好的
小妹垂下了头，脸更红了

长街美食

· 210 ·

锣鼓喧天，盖住了哥哥的热情
也盖住了小妹的羞涩与难舍
唯有茶叶蛋的香味
久久地、久久地在一个时代的上空回荡

【制作食材】

主料：生鸡蛋或生鸭蛋 10 枚

辅料：茶叶 八角 桂皮 香叶

调料：酱油（生抽）黄酒 盐 糖 味精（极少，可以不放）

【制作方法】

1. 将生鸡蛋或生鸭蛋洗净备用。

2. 在砂锅或养生锅里倒入水，将蛋放入水中，再放酱油（生抽）、黄酒、茶叶、盐、糖、味精（极少，可以不放）、八角、桂皮、香叶。

3. 等烧至半小时蛋熟时，将蛋敲破。

4. 用小汤匙舀起汤汁，尝一下味道，应该汤汁要偏咸才好。

5. 一直用低温烧至 3—4 小时，中间每半小时给蛋翻个身，让每个蛋入味均匀（盖上盖子，不要开着烧，开着烧味道会流失）。

6.4 个小时后出锅享用。

长街美食

后　记

　　2021年4月，我荣幸接到编纂《长街美食》的美差，便欣然应允。其时，我已在2019—2020年期间编写过路桥文广旅体局推出的《寻味路桥》美食书，也算对路桥美食打下浅薄的基础与认识。一方水土养一方人，十里长街这方水土自宋时起便商贾云集，人文璀璨，南来北往的商人带来的美食融入路桥地域、物候、民俗等元素制作出的美食，浓缩着历史人文与群众智慧，有着独特味道，也是长街美食的渊源所在。

　　我老家螺洋，虽不是直接生长在十里长街，少年时常跟母亲粜米、卖鸭、售手编草席到十里长街。母亲卖掉东西，会给我买梅花糕或麦芽糖，要么来一碗山粉糊、姜汤面，那时能来十里长街吃美食是我童年的快乐。

　　为了写这本《长街美食》，我又多次来到十里长街，一边辨认幼时美食痕迹，一边走访美食摊点，收集遗失或正在创新的美食，希望搜寻出接地气、与长街人息息相关的美味。书中收录的70道美食，有地域标志的"老街姜汤面"、"中桥手捣糕"、"卖芝桥面结"；传统手工制作的"地莓圆"、"硬擂圆"、"糖圆"；能消暑解渴的"青草糊""石莲糊"；寄托着美好愿景的"馒头方糕"、"酒盅印"；深得老少喜爱的"泡虾"、"凤凰蛋"、"米豆腐"，每一道美食，蕴含着老街人的百种情感与千样滋味。

　　如今，重新修缮的十里长街焕然一新，美食店林立。我也通过近一年来的努力撰写好此书。感谢相关单位给我编写的机会，感谢本书的顾问陈冬诚为我提供了路桥美食的溯源，感谢区社发集团对本书出版提供大力支持，感谢张崇生、英子、阮仙荣、王华荣为本书提供图片。

　　让我们相约老街，尝尽地道美食。

编者

二〇二四年十二月

图书在版编目（CIP）数据

十里长街文化丛书 / 台州市路桥区十里长街振兴工作领导小组办公室，台州
市路桥区作家协会编撰 . -- 上海：上海三联书店，2025.2
　　ISBN 978-7-5426-8446-2
　　I. ①十… II. ①台… ②台… III. ①商业街 — 介绍 — 台州 IV. ① F727.553
中国国家版本馆 CIP 数据核字 (2024) 第 073036 号

十里长街文化丛书

编　　撰 / 台州市路桥区十里长街振兴工作领导小组办公室
　　　　　台州市路桥区作家协会

责任编辑 / 陈马东方月
装帧设计 / 叶青松　王佳伟
监　　制 / 姚　军
责任校对 / 王凌霄

出版发行 / 上海三联书店
　　　　　（200041）中国上海市静安区威海路 755 号 30 楼
联系电话 / 编辑部：021-22895517
　　　　　发行部：021-22895559
印　　刷 / 上海盛通时代印刷有限公司

版　　次 / 2025 年 2 月第 1 版
印　　次 / 2025 年 2 月第 1 次印刷
开　　本 / 890mm×1240mm 1/32
字　　数 / 400 千字
印　　张 / 30.75
书　　号 / ISBN 978-7-5426-8446-2/F·913
定　　价 / 260.00 元
敬启读者，如发现本书有印装质量问题，请与印刷厂联系 021-37910000